Erläuterungen und Dokumente

Thomas Mann
Mario und der Zauberer

Von Karl Pörnbacher

Philipp Reclam jun. Stuttgart

Thomas Manns »Mario und der Zauberer« liegt als Fischer-Taschenbuch Nr. 1381 (zusammen mit »Tonio Kröger«) vor.

Universal-Bibliothek Nr. 8153
Alle Rechte vorbehalten
© 1980 Philipp Reclam jun. GmbH & Co., Stuttgart
Bibliographisch ergänzte Ausgabe 1996
Gesamtherstellung: Reclam, Ditzingen. Printed in Germany 2001
RECLAM und UNIVERSAL-BIBLIOTHEK sind eingetragene Marken
der Philipp Reclam jun. GmbH & Co., Stuttgart
ISBN 3-15-008153-X

Inhalt

I.	Wort- und Sacherklärungen	4
II.	Der historische Hintergrund	20
III.	Dokumente zur Entstehungsgeschichte	24
IV.	Dokumente zur Wirkungsgeschichte	32
V.	Texte zur Diskussion	61
	1. Äußerungen Thomas Manns	61
	2. Theorie des Faschismus	78
	3. Äußerungen Mussolinis	85
VI.	Literaturhinweise	102

I. Wort- und Sacherklärungen

Torre di Venere: Th. Mann verbrachte seinen Urlaub vom 31. 8. bis 13. 9. 1926 in Forte dei Marmi, einem Seebad nordwestl. von Pisa, in der Nähe von Portovenere, Torre di Greco und Portoclementino (s. Kap. III). Der Name Torre di Venere (Venusturm) ist, wie häufig in Th. Manns erzählerischem Werk, sehr wohl überlegt. Egon Schwarz (bibliogr. Nachweis hierzu und zu anderen Autoren vgl. Kap. VI, Literaturhinweise) verweist auf eine Reihe von Bezügen, die durch den Namen assoziiert werden: Italien wurde gerne als unvollständig christianisiertes Land angesehen, in dem durch das Erwachen der antiken Göttin Venus verbotene Leidenschaften hervorbrechen. Wie in dem Roman »Der Zauberberg« klingt auch hier die Tannhäusersage an. Mehrfach verwendet der Dichter in der Novelle auch erotische Motive. Zugleich wird mit dem Hinweis auf die Wiedererweckung der Antike auf ein wichtiges Ziel des Faschismus angespielt. – Th. Mann beschreibt Torre di Venere als *Idyll für wenige, Zuflucht für Freunde des unverweltlichten Elementes*, charakterisiert derartige romantische Bezüge jedoch sogleich als *lächerliche Sehnsucht*. (Vgl. Schwarz, S. 50 ff.)

Choc: (frz.) Schlag, Erschütterung; heute ist die eingedeutsche Schreibweise ›Schock‹ üblich.

Cippola: Zunächst ist auf das Vorbild der 10. Geschichte des 6. Tages in Giovanni Boccaccios Sammlung »Das Dekameron« hinzuweisen: »Bruder Cipolla verspricht den Bewohnern eines Landstädtchens, ihnen eine Feder des Engels Gabriel zu zeigen. Da er aber an deren Stelle Kohlen findet, sagt er, sie seien von denen, mit welchen der heilige Laurentius geröstet ward.« Boccaccio beschreibt den Mönch so: »[...] untersetzter Gestalt, rötlichen Haares und munteren Gesichts, dabei der abgefeimteste Spitzbube der Welt, und obwohl er keinerlei Unterricht genossen hatte, wußte er doch trefflich und ohne langes Besinnen zu reden, so daß, wer ihn nicht kannte, ihn nicht allein für einen großen Redekünstler gehalten, sondern ihn dem Cicero selbst oder dem Quinctilian an die Seite gesetzt hätte.« Ähnlich zeichnet sich auch der Zauberer bei Th. Mann durch außerordentliche Beredsamkeit und Geistesgegenwart aus. Th. Mann äußerte sich selbst zur Namengebung. 1945 bat Prof. Charles Duffy von der Akron University den Dichter um eine Erläuterung des Namens Cipolla, ohne selbst Boccaccio als mögliche Quelle zu erwähnen. Th. Mann antwortete am 11. 10. 1945: »I am in receipt of your kind lines, but I am somewhat surprised by your inquiry as to the name of Cipolla, as I hardly know what there is to explain about it. It is a good Italian name, as for instance Rampolla and others of this kind. I believe Cipolla is even mentioned in Boccaccio. The meaning is ›onion‹, ›bulb‹. Rampolla, on the other hand, has to do with ›rampollare‹, which is in German: ›hervorsprudeln‹, ›hervorsprießen‹, in English something like ›emerge‹ or ›sprout‹« (Duffy, S. 190). Auf eine weitere Anfrage Duffys, ob Th. Mann vielleicht an den mittelalterlichen Mönch Cipolus gedacht haben könnte, von dem Henry Vaughan in einem Gedicht berichtet, daß er eine Rede an den Esel Ponocrates gehalten habe, schrieb Th. Mann am 14. 12. 1945: »The thought of the medieval monk was far from my mind when writing about my Cipolla, and in case later philologists should find such an allusion in my story, I herewith want to state for all eternity that I did not have the slightest symbolical intention when naming the magician Cipolla« (Duffy, S. 192). Schwarz (S. 49 f.), der zunächst darauf hinweist, daß Th. Mann im Familienkreis selbst den Namen »Zauberer« getragen habe, sieht in dieser Erzählung eine Kontrafaktur zu Heinrich Manns Roman »Die kleine Stadt« (1909), die an einer Stelle erbaut worden war, wo ein alter Venusturm gestanden hatte; in der Stadt spielt die Familie der Cipolla eine Rolle. Helmut Spelsberg (S. 39) erinnert an Herman Melvilles Erzählung »Billy Budd« und an

E. T. A. Hoffmanns »Nachtstück« »Der Sandmann« mit den beiden Figuren Coppelius und Coppola. Lore Hergershausen nennt den Hypnotiseur Cesare Gabrielli als Vorbild für Cipolla, und Harry Matter charakterisiert diesen als »eine Vorwegnahme des späteren Reichspropagandaministers Goebbels« (S. 584). Hellmuth Himmel schreibt in seiner »Geschichte der deutschen Novelle«, Bern/München 1963, S. 468, über Cipolla: »Der Name ist eine Anspielung auf den betrügerischen Prediger bei Boccaccio (Dec. VI, 10), gibt aber zugleich den Schlüssel für das innere Prinzip der Novelle: wie bei einer Zwiebel wird Schale um Schale freigelegt, dem dämonischen Element nachgegangen – aber mit der letzten Schale ist es auch schon verschwunden, erweist es sich als das Nichts.«

Spektakel: Anfang des 16. Jh.s aus lat. spectaculum gebildet; urspr. Bedeutung ›Schauspiel‹, dann ›Lärm, interessanter Vorfall‹.

Capannen: Badehütten. – Ilsedore B. Jonas verweist darauf, daß Th. Mann in dieser Erzählung gerne die »italienische Bevölkerung in ihrer eigenen Sprache zu Worte« kommen läßt:

»Wenn die Mutter des ungezogenen Jungen Fuggiero ihm zuruft, ›Fuggiero, rispondi almeno!‹, dann steht sie dem Leser mit diesem verzweifelten ›antworte doch wenigstens‹ als eine der typischen italienischen Mütter vor Augen, die ihre Kinder von klein auf so verwöhnen, wie es in der Tradition des Landes liegt. Daß sie den Namen Fuggiero ›gräßlich akzentuiert‹, mit ›grell offenem è‹ ausspricht und obendrein das ›sp‹ nach deutscher Art wie ein ›schp‹ bildet, kennzeichnet die Frau als ungebildet. Die Schmerzensschreie des Jungen ›Ohi!‹ und ›Oimé!‹, die er aus einem nichtigen Anlaß heraus gebraucht, zeigen seine Feigheit und Wehleidigkeit.

Besonders häufig werden die italienischen Ausdrücke und Redewendungen während der Vorstellung des Zauberkünstlers, der sich ja in seiner überaus großen Redegewandtheit vor allem an seine Landsleute wendet: sei es mit

I. Wort- und Sacherklärungen

anfeuernden Zurufen wie ›paura, eh!‹, (Angst, was!) oder Befehlen, wie ›balla!‹, (tanze!), ›Una ballatina‹ (Ein Tänzchen). Cipollas Aggressivität seinen Zuhörern gegenüber zeigt sich des öfteren in seiner Freude an ironischen Anspielungen. So bezeichnet er den jungen Burschen (giovanotto) als ›donnaiuolo‹ (Weibernarr) oder ›questo torregiano di Venere‹, was zugleich Einwohner von Torre di Venere und Türmer der Venus bedeuten kann, seine Zunge dagegen als ›linguaccia‹, also als belegte Zunge. Cipolla selbst gibt sich als ›Cavaliere‹, als Angehöriger des Adels aus und nennt sich ›Forzatore, Illusionista und Prestigiatore‹ (Bezwinger, Zauberkünstler, Taschenspieler). Aus diesen wenigen Beispielen wird deutlich, wie eingehend sich Thomas Mann, dessen besonderes Interesse immer den Feinheiten der deutschen Sprache galt, mit der italienischen Umgangssprache und gerade auch mit ihren idiomatischen Eigenheiten beschäftigt haben muß.

Wenn er Cipolla den ›giovanotto‹, der unter Hypnose dem Publikum die Zunge hatte zeigen müssen, ›questo linguista di belle speranze‹ nennen läßt, dann spürt man die Freude des Dichters an dem Wortspiel, denn lingua bedeutet zugleich Zunge und Sprache, und es bleibt dahingestellt, ob seine Zunge oder seine Sprachfertigkeit zu großen Hoffnungen berechtigt. Das italienische Publikum bewundert die Redefertigkeit Cipollas und auch die des ›giovanotto‹, von dem einer der Zuschauer staunend sagt: ›Ha sciolto lo scilinguagnolo‹, d. h. ›er hat eine lose Zunge‹ oder ›er hat das Zungenband gelöst‹. Selbst seine beiden Kinder läßt der Dichter ihre italienischen Sprachkenntnisse beweisen, wenn auch nur durch gewisse Ausdrücke, die sie den Einheimischen während ihres Aufenthalts in Italien abgelauscht haben. ›Mario, una cioccolata e biscotti!‹ (Mario, eine Schokolade und Kekse!) rufen sie ihrem Freund im Saal zu, der lächelnd mit ›Subito‹ (sofort) antwortet.

Thomas Mann hat sich nun in das italienische Milieu und seine Sprache so stark eingelebt, daß selbst sein Deutsch

bisweilen eine romanische Färbung annimmt. Zuweilen läßt er ins Deutsche übersetzte italienische Redewendungen in die Novelle einfließen, wenn er den Zauberer z. B. ›sieh ein bißchen‹ oder ›sage ein bißchen‹ ausrufen läßt, wobei das angehängte ›ein bißchen‹ ohne Zweifel eine Übersetzung des italienischen ›un po'‹ darstellt. Auch wenn Thomas Mann zur Bezeichnung von Badehütten den Ausdruck ›Capannen‹ (italienisch ›capanne‹) benutzt oder von ›Pineta-Gärten‹ (Pinienhain-Gärten) spricht, das Adjektiv ›stakkiert‹ aus ›staccato‹ bildet, und vor allem, wenn er den italienischen Ausdruck für Muscheltiere ›frutti di mare‹ als ›Meeresobst‹ wiedergibt, handelt es sich um deutsche Neubildungen nach dem Italienischen, d. h. um Thomas Manns eigene, äußerst originelle Sprachschöpfungen. [...]
Wie tief sich Thomas Mann in die italienische Volksseele versenkt hat, zeigen deutlich einige charakteristische Züge, die er in der Novelle herausgearbeitet hat, wie z. B. die Ehrfurcht des Italieners vor der Sprache und sein Bestreben, sie so kunstvoll und schön wie möglich zu handhaben: ›Unter Südländern ist die Sprache ein Ingredienz der Lebensfreude, dem man weit lebhaftere gesellschaftliche Schätzung entgegenbringt, als der Norden sie kennt.‹ Auch das aus dieser Einstellung oft resultierende Pathos der Sprechenden hat Thomas Mann nicht außer acht gelassen. Die kindlich-naive Freude des Italieners an harmlos zweideutigen Späßen zeigt sich in der Episode der Zahlenexperimente, als ein gut gelaunter Zuschauer ›null null‹ vorschlägt ›und den Heiterkeitserfolg damit hatte, dessen die Anspielung auf natürliche Dinge unter Südländern gewiß sein kann‹.«

Ilsedore B. Jonas: Thomas Mann und Italien. Heidelberg: Winter, 1969. S. 82–84.

Idyll: 1750 aus griech./lat. idyllum ›Hirtengedicht‹, heute ist der Bereich des Friedlichen, Einfachen, Geborgenen gemeint.
Marina Petriera: (ital.) wörtl. ›steinige Küste‹.

I. Wort- und Sacherklärungen

unverweltlichten: Eindeutschung für: nicht mondän.
Grand Hôtel: Hotel erster Klasse.
Pineta-Gärten: Pineta, (ital.) Pinienhain.
Cornetti al burro: (ital.) Butterhörnchen.
Flor: (lat.) Blüte.
Schattentüchern: hier in der Bedeutung von Schattendächer.
Klienten: (lat.) urspr. Bedeutung: Schutzbefohlene; heute: Kunden, Auftraggeber.
Pranzo: (ital.) Diner, Hauptmahlzeit.
Principe: (ital.) Fürst.
Gehrockmanagers: Gehrock wurde vermutlich von ›Ausgehrock‹ abgeleitet. Hier der Geschäftsführer im Frack.
Forum: (lat.) Behörde, Instanz.
Dependance: Nebengebäude des Hotels.
Byzantinismus: Kriecherei, untertänige Schmeichelei gegenüber hochgestellten Personen; abgeleitet vom komplizierten Zeremonienwesen am Hof von Byzanz, dem späteren Konstantinopel.
servile: (lat.) knechtische, sklavische, untertänige.
Votum: (lat.) Urteil.
Signora Angiolieri: Schwarz (S. 52 f.) verweist auf die Mehrdeutigkeit des erst später eingeführten Vornamens der Signora, Sofronia: 1. weise Mäßigung, eine der vier Haupttugenden der Platonischen Ethik (diejenige, die sich auf die Begierden der sinnlichen Natur des Menschen bezieht); 2. Name der Gemahlin eines röm. Präfekten, die sich das Leben nahm, um den Nachstellungen des Kaisers Maxentius zu entgehen.
toskanischen: Aus der Toscana (Landschaft in Oberitalien mit den Provinzen Arezzo, Florenz, Grosseto, Livorno, Lucca, Pisa und Siena) stammend, wo das beste und reinste Italienisch gesprochen wird.
Duse: Eleonore Duse-Chechi (1859–1924), bedeutende ital. Schauspielerin, die in Deutschland und Österreich große Erfolge erzielte. Die Darstellung des Kultes, den Signora Angiolieri mit ihrer Vergangenheit treibt, auch um *die Anziehungskraft ihres gegenwärtigen Unterneh-*

mens zu erhöhen, ist wiederum eine Anspielung auf den Faschismus (vgl. Schwarz, S. 60). Vgl. auch das Gespräch zwischen der Signora und Cipolla bei dessen Vorführung.

Etageren: (frz.) Borde, Bücherbretter, Regale, Glasschränke.

stakkiertem: (ital.) gebrochenen, abgehackten.

Korruption: Bestechlichkeit.

Etablissements: (frz.) vornehme Gaststätte, Einrichtung, Betrieb.

Schreckensherrschaft der Sonne: Selbst das Wetter dient hier zur Darstellung der bedrückenden Atmosphäre zur Zeit des Faschismus (vgl. Schwarz, S. 56).

indigoblauen: Indigo: blauer Farbstoff aus pflanzlichen Substanzen.

Pyjama: (hindi/engl.) leichter Anzug, Strandanzug, Schlafanzug.

die Sonne Homers: geflügeltes Wort nach Schillers Gedicht »Der Spaziergang«: »Und die Sonne Homers, siehe! sie lächelt auch uns.« Homer: griech. Epiker des 8. Jh.s v. Chr., Verfasser der »Ilias« und »Odyssee«.

uneinfachere: komplizierte Wortschöpfung, die Th. Mann hier als Charakterisierung verwendet.

legitimieren: (lat.) sich ausweisen, mit dem Gesetz in Übereinstimmung bringen; hier: rechtfertigen.

Wohlschaffenheit: Kontamination Th. Manns aus ›Wohl‹ und ›Beschaffenheit‹.

Mediokrität: (frz.) Mittelmäßigkeit.

Kroppzeug: (norddt.) leicht verächtliche Bezeichnung für Menschen, etwa in der Bedeutung von Gesindel.

in heiserer Ungedecktheit: in nicht abgemilderter Schärfe.

Rispondi al mèno!: (ital.) Antworte mir wenigstens!

antikische Heldenjammergeschrei: Anspielung auf das laute Klagen und Jammern der antiken Helden in Homers Epos »Ilias«.

prästierte: (lat.) leistete, bot dar.

patriotischen: (lat.) vaterländischen. – Wiederum Hinweis

I. Wort- und Sacherklärungen

auf den übersteigerten Patriotismus zur Zeit des Faschismus.
Menschenspezies: (lat.) besondere, bestimmte Art von Menschen.
Schniepel: Frack.
Melonenhut: runder, steifer Hut, Ende 19. Jh. aus frz. chapeau melon gebildet.
Philippika: Strafrede; urspr. die Reden des athen. Redners Demosthenes (383–322 v. Chr.) gegen Philipp von Makedonien; nach ihnen benannte Cicero (106–43 v. Chr.) seine 14 Reden gegen Antonius. Hier Anspielung auf den Faschismus und seine Tendenz zur Rhetorik.
Suade: (lat.) Redefluß.
Euphemismus: beschönigende Formulierung.
Prüderie: (frz.) übersteigerte Zimperlichkeit, Ziererei in sexuellen Fragen.
Provokation: (frz.) Herausforderung.
leibliche Unbeträchtlichkeit: geringe körperliche Entwicklung.
Delinquentin: (lat.) Missetäterin, arme Sünderin; hier ironisch gemeint.
»Platze«: Hauptplatz.
Municipio: (ital.) Rathaus.
Aperçu: (frz.) geistreiche Bemerkung, geistreicher Einfall.
Angeber: hier: Denunziant.
Sciroccoschwüle: Scirocco: (ital.) heißer, feuchter Süd- oder Südostwind in Italien.
Cavaliere: urspr. Ritter; dann im Königreich Italien Bezeichnung für den Inhaber der untersten Ordensklasse und der ersten Stufe eines adligen Titels.
Forzatore, Illusionista und Prestidigatore: (ital.) Kraftmensch, Zauberer und Taschenspieler.
Phänomenen: (griech./frz.) Erscheinungen.
gutsagen: bürgen.
Cinema: (engl.) Film.
Palazzo: (ital.) Palast.
Coiffeur: (frz.) Friseur.

Feudalen: gebildet zu neulat. feudum ›Lehen‹; hier: aus der Zeit der Grundherrschaft. – Die hier von Th. Mann ausdrücklich genannten verschiedenen Gesellschaftsschichten kommen auch in der Erzählung vor: die Aristokraten im Hotel, das gehobene Bürgertum am Beispiel der Angiolieris, das Kleinbürgertum (die inländische »Mittelklasse«) am Strand, die Arbeiterschicht am Beispiel der Angestellten wie Mario (vgl. Schwarz, S. 53 f.).

Populären: (lat.) Volkshaften, Volksnahen.

Sala: (ital.) Saal.

lax: (lat.) lässig, locker.

Parterre: (frz.) zu ebener Erde; Plätze im Parkett.

Logen: frz. loge ›Theaterlaube‹; durch Scheidewände voneinander getrennte, mit gesonderten Zugängen und einer nur kleinen Zahl von Sitzplätzen versehene Zuschauerzellen.

hektisch: (griech.) fieberhaft, aufgeregt.

komplett: (frz.) vollständig gefüllt.

autochthone: (griech.) eingeborene, einheimische.

Frutti di mare: (ital.) Früchte des Meeres: Muscheln usw.

Pronti!: (ital.) Los!

Cominciamo!: (ital.) Fangen wir an!

Flakon: (frz.) Fläschchen.

Fiktion: (lat.) Annahme, Vorstellung.

atlasgefütterter: Atlas ist ein Seidenstoff; die Bezeichnung wurde im 15. Jh. aus arab. atlas ›glatt‹ entlehnt.

Pelerine: (frz.) ärmelloser Umhang.

Scharlatans: Marktschreiers, Schwätzers, Kurpfuschers; um 1650 aus frz. charlatan und ital. ciarlatano mit der Bedeutung Marktschreier gebildet (nach ciarlare ›schwatzen‹ umgedeutet aus mlat. ceretanus ›fahrender Schüler‹).

Possenreißers: Posse bedeutet urspr. Bildwerk, das zur Verzierung angebracht wird, dann komisches Bildwerk oder komische Gebärde.

Gesamthabitus: (lat.) Gesamterscheinungsbild.

Clownerie: um 1800 aus engl. clown ›bauernschlaue Bühnenfigur‹ (gebildet aus lat. colonus ›Bauer‹) übernommen; verdrängte die Begriffe Bajazzo und Hanswurst.

I. Wort- und Sacherklärungen

Rampe: (frz.) Begriff des Festungsbaus; um 1830 auf das Theater übertragen mit der Bedeutung: Vorbühne, Trennung zwischen Bühnen- und Zuschauerraum.
Lasurstein: Lapislazuli, blauer Edelstein.
Regie: Tabakregie, die Verwaltung des Tabakgeschäfts unter Oberaufsicht des Staates.
arrogant: (lat.) anmaßend, dünkelhaft.
grimassierend: im 17. Jh. aus frz. grimace ›Gesichtsverzerrung, Fratze‹ entlehnt; hier: das Gesicht verzerrend.
klauenartiger ... Krücke: das gekrümmte Ende eines Stokkes; Th. Mann verwendet die Bezeichnung ›klauenartig‹ wiederholt in leitmotivischer Form, wobei unterschwellig die Vorstellung von Raub- und Greifvogel geweckt wird.
Frack: (engl.) urspr. Kittel von grobem Tuch; dann der in der 2. Hälfte des 18. Jh.s zuerst in Frankreich in Mode gekommene Rock, dessen Schöße vorne bald mehr, bald weniger ausgeschnitten waren. Entstehung angeblich durch das Übereinander- bzw. Rückwärtsschlagen der Schöße des Soldatenrocks oder des Staatskleides.
Humbug: Schwindel, Unsinn, um 1835 aus dem gleichlautenden engl. Begriff gebildet.
Gauklers: Gaukler: zunächst Taschenspieler, dann Jahrmarktskünstler; Weiterbildung des ahd. gougulari.
Buona sera!: (ital.) Guten Abend!
Paura: (ital.) Furcht, Angst.
des erweckten Vaterlandes: s. Kap. II.
Bè: (ital.) Nun.
Ha ... scilinguagnolo: (ital.) Er hat ein gutes Mundwerk.
Giovanotto: (ital.) junger Mann.
sistema americano, sa': (ital.) nach amerikanischem System, weißt du.
Uno: (ital.) eins.
Taschenspielersoiree: Soiree: (frz.) Abendveranstaltung, Abendunterhaltung.
Linguist: (ital.) Sprachkenner, -forscher.
am Kriege: am Ersten Weltkrieg, an dem Italien ab 1915 (am

23. 5. 1915 Kriegserklärung Italiens an Österreich-Ungarn, am 28. 8. 1916 an das Deutsche Reich) bis zum Waffenstillstand Anfang November 1918 teilnahm.
Corriere della Sera: (ital.) wörtl. ›Abendbote‹; angesehene konservative Zeitung.
Bruder des Duce: Arnaldo Mussolini (1885–1931), Lehrer, ab 1922 anstelle seines Bruders Benito Direktor der Zeitung »Popolo d'Italia«.
donnaiuolo: (ital.) Frauenheld, Schürzenjäger.
Hahnes im Korbe: Hauptperson, Liebling sein, der Hahn zwischen den Hennen, ›Korb‹ als Hühnerhof oder als Behältnis, in dem die Hühner zum Markt getragen werden.
die Körperlichkeit beider: der wohlgebaute junge Mann im Gegensatz zu Cipolla.
Verwachsene: Verkrüppelte; entstanden aus der Grundbedeutung: verkehrt wachsen.
Parla benissimo: (ital.) Er spricht sehr gut.
Ingredienz: (lat.) Bestandteil.
Simpatico: (ital.) sympathischer, ansprechender Mensch.
Verdruß: umgspr. für ›schiefen Wuchs, Höcker‹; vgl. auch Fontane in »Effi Briest« über die Figur des Apothekers Gieshübler.
zivilisiertes: (lat.) gesittetes, verfeinertes.
arithmetischen: Arithmetik: (griech.) Rechenkunst.
Conférencier: (frz.) Ansager, Sprecher, der die einzelnen Programmpunkte verbindet.
lümmelstarke: Wortbildung Th. Manns aus lümmelhaft und stark.
Bravi-Rufen: bravi: (ital.) Pl. von ›bravo‹.
Non so scrivere: (ital.) Kann nicht schreiben.
Trottel: einfältiger, schwachsinniger Mensch.
Jedermann kann schreiben in Italien: Anspielung auf die faschistische Überzeugung von der Größe und Vollkommenheit der Nation.
nubischen Haartracht: hochstehende Haare, wie sie von den Bewohnern Nubiens (in Nordafrika) getragen wurden;

I. Wort- und Sacherklärungen

vgl. die genaue Beschreibung oben: *Er trug sein schwarzes, starres Kraushaar hoch und wild, die Modefrisur des erweckten Vaterlandes, die ihn etwas entstellte und afrikanisch anmutete.*

Dickhäuter: Elefanten; hier: stumpfsinnige, geistig unbewegliche Menschen.

süßer Danksagungen: Dankesbezeugungen durch Frauen.

des gastrischen Systems: des Magens, der Verdauungsorgane.

Kolik: (griech.) heftige, krampfartige Leibschmerzen.

Reflexbewegung: unwillkürliche Bewegung, die durch einen bestimmten Reiz hervorgerufen wird.

Il boit beaucoup: (frz.) Er trinkt viel.

Jux: Scherz; wohl durch die Studentensprache aus lat. *iocus* eingedeutscht.

Zero: (ital.) Null.

Null, null: Anspielung auf das WC, das bei der Zimmerzählung der Hotels so bezeichnet wird.

Crayon: (frz.) Bleistift.

Summanden: (lat.) Zahlen, die zusammengezählt werden.

Terminus: (lat.) Fachausdruck.

Spezies: (lat.) Art, Gattung; hier: Rechnungsarten.

Ingenium: (lat.) schöpferische Begabung, Erfindungskraft.

E servito: (ital.) Ich stehe zu Diensten; der Herr wird bedient.

phänomenalen: (griech.) außerordentlichen, ungewöhnlichen.

Lavora bene: (ital.) Er arbeitet gut.

brachte ... ins gleiche: stellte den ursprünglichen Zustand wieder her.

Intuition: (lat.) unmittelbar, ohne Nachdenken entstandene Erkenntnis einer Sache oder eines Wesens.

»magnetischer« Übertragung: Kontakt, der auf Anwendung des sog. tierischen Magnetismus beruht (Hypnose).

intimere: hier: genauere, ins einzelne gehende.

des Okkulten: (lat.) des Dunklen, Geheimen, Übersinnlichen.

vexatorisch: (lat.) quälerisch.

Amalgams: (arab./griech.) Verbindung von Stoffen, meist Legierung eines Metalls mit Quecksilber.

jener Seite: des Okkulten.

Volk und Führer: wiederum Hinweis Th. Manns auf das Führerprinzip im faschistischen Staat.

Pensez très fort!: (frz.) Denken Sie sehr stark nach!

»venerazione« »vénération«: (ital. und frz.) Verehrung.

rationalistisch: (lat.) vernunftbestimmt.

Faszination: nach lat. fascinare ›behexen‹: Verblendung, Bezauberung.

Nichtgeheuerlichkeit: Wortbildung Th. Manns; üblich ist: Ungeheuerlichkeit.

Personifikation: nach lat. persona und facere ›machen‹: Verkörperung.

una cioccolata e biscotti!: (ital.) eine Schokolade und Kekse.

Subito!: (ital.) Sofort!

Hypnotiseur: griech. ὕπνος ›Schlaf‹; ein Mensch, der die Fähigkeit besitzt, in anderen einen Zustand hervorzurufen, der sie ihrem Willen unterwirft.

verpönten: abgeleitet von lat. poena ›Strafe‹: verbieten, unter Strafe stellen.

grotesken: (ital.) seltsamen, komischen.

Fuchtel: Im 16. Jh. zunächst eine Art Degen, dann Symbol der soldatischen und überhaupt der strengen Zucht. Hier von ›fuchteln‹: mit einem Stock oder dgl. in der Luft herumfahren, übertragen auf die Peitsche, mit der Cipolla in der Luft herumfährt.

kataleptisch: (griech.) starr, von Muskelstarre befallen.

Illusion: (lat.) Sinnestäuschung.

Trance: (frz.) schlafähnlicher, hypnotischer Zustand.

Colonnello: (ital.) Oberst.

ätherische: vergeistigte, zarte.

fataler: widerwärtiger, unangenehmer; im 17. Jh. aus lat. fatalis und frz. fatal ›verhängnisvoll‹ übernommen.

Accidente: (ital.) Vorfall, Unfall; Person, die Unheil anrichtet.

Entgeisterung: der Besinnung beraubter Zustand.

I. Wort- und Sacherklärungen

Somnambulismus: natürlicher oder durch Hypnose künstlich hervorgerufener Schlafzustand, in dem unbewußte Handlungen ausgeführt werden; Schlafwandeln, Mondsüchtigkeit, gebildet nach lat. somnus ›Schlaf‹.
Balla!: (ital.) Tanze!
affekthaften: gefühlsbetonten, -bestimmten, nach lat. affectus ›Stimmung, Gemütsverfassung‹.
der Negativität: dem Verneinenden.
Una ballatina: (ital.) ein Tänzchen.
Hampelmännern: Seit dem 16. Jh. Substantivbildung zu niederdt. hampeln ›sich zappelnd hin und her bewegen‹; hier: Puppe, deren Glieder sich durch Ziehen in Bewegung setzen lassen.
veröffentlicht: zur Schau gestellt.
Stab: Zauberstab.
Kirke: Zauberin in der »Odyssee«, auf der Insel Aiaia, die ihre Feinde und jeden, der sie beleidigte, in Tiere verwandelte.
Tarantella: neapolitanischer (urspr. wohl tarentinischer) Tanz; ein schneller Volkstanz im 3/8- oder 6/8-Takt, der auch gern von der Kunstmusik verwendet wird.
Buche: im Märchenbuche, das den Kindern vertraut ist.
Physiognomie: (griech.) äußere Erscheinung, vor allem der Gesichtsausdruck.
Complet: (frz.) Jacke und Hose aus dem gleichen Stoff.
ragazzo mio: (ital.) mein Junge.
Ein antiker Name: gedacht ist wahrscheinlich an den röm. Feldherrn Gajus Marius (156–86 v. Chr.).
wach erhalten: Anspielung auf die Bemühungen des Faschismus, das Erbe der röm. Cäsarenzeit anzutreten.
Salve!: (lat.) Sei gegrüßt!
zum römischen Gruß: mit fast senkrecht, aber lässig gehobener Hand (der altröm. Grußbewegung nachempfunden) im Gegensatz zum strammen Deutschen Gruß unter Hitler.
Paschahaftes: Rücksichtsloses, Herrisches; einer der sich bedienen läßt; urspr. war Pascha ein türk. Beamtentitel.

Räkelei: sich seinen Bewegungen ungeniert hingeben; abgeleitet aus mniederdt. rekel ›Dorfköter‹.

Kurzwarengeschäft: Kurzwaren: Nadeln, Knöpfe, Nähseide, Stick- und Stopfgarn, Band.

Cameriere: (ital.) Kellner.

Ganymed: Knabe aus dem trojan. Königsgeschlecht, der wegen seiner Schönheit von den Göttern in den Himmel geholt wurde, damit er für Zeus den Mundschenk mache. Zeus wurde Ganymeds Liebhaber, verlieh ihm ewige Schönheit und erhob ihn als Sternbild Wassermann an den Himmel mit dem Adler an seiner Seite.

salvietta: (ital.) Serviette, Wortspiel mit dem Gruß *Salve*, s. o.

un tratto di malinconia: (ital.) einen Zug von Melancholie, Schwermut.

Nossignore: zusammengezogen aus ›No, Signore‹ (ital.) Nein, mein Herr.

Zappelcorps: die steptanzenden Personen.

Hähne, die zur ... Unzeit krähen: Nach einem Aberglauben ist ein zur Unzeit krähender Hahn ein schlechtes Vorzeichen.

Meeresobst: ironische Übersetzung von ›Frutti di mare‹ anstelle des wörtl. ›Früchte des Meeres‹.

kokett: gefallsüchtig, aufreizend; Ende des 17. Jh.s aus frz. coquet ›gefallsüchtig‹ (Weiterbildung zu coq ›Hahn‹) gebildet.

Beutelaugen: die in Tränensäcken tiefsitzenden Augen.

skurrilen: possenhaften, verzerrten.

Detonationen: Explosionen.

glotzten: starrten.

pistolenförmige Maschinerie: Charles Duffy bat Th. Mann am 30. 11. 1945 um Auskunft, ob der Tatsache, daß Mario im Besitz einer Pistole war, symbolische Bedeutung zukomme. Der Dichter antwortete am 14. 12. 1945: »Also, the pistol of our Mario is by no means a product of metaphysical speculation. The explanation of the fact that he carries a pistol lies rather in the circumstance that he is in love, and obviously unhappily in love, as it is quite clear from the story that his sweetheart prefers a more robust and handsome rival to him. The shot, or shots, which he fires at the mental tyrant Cipolla, who for a moment has conjured up love's happiness before his eyes, were originally intended for somebody else – not with full consciousness – but anyhow the pistol was in readiness« (Duffy, S. 192).

Carabinierepaar: (ital.) Polizistenpaar.

fatales: verhängnisvolles; aus dem gleichbedeutenden lat. fatalis gebildet.

II. Der historische Hintergrund

1919

Politische und soziale Unruhen in Italien. Das Bürgertum fürchtet eine sozialistische oder bolschewistische Revolution.

23. März: Benito Mussolini (1883–1945), vor dem Ersten Weltkrieg einer der führenden marxistischen Sozialisten Italiens, dann wegen seiner Forderung des Kriegseintritts an der Seite Englands und Frankreichs deren leidenschaftlicher Gegner, gründet den ersten Kampfbund (»Fascio di Combattimento«). Zu den Mitgliedern zählen auch viele Studenten und ehemalige Offiziere. Unterstützung kommt von Großgrund- und Fabrikbesitzern, die den Verlust ihres Besitzes durch die Sozialisten fürchten. Ziel ist der Widerstand gegen den Kommunismus, vor allem aber die Vernichtung des Sozialismus (Demolierung von sozialistischen Partei- und Redaktionsbüros), dazu der Kampf für die Größe des Vaterlands. In der von ihm im November 1914 gegründeten Tageszeitung »Popolo d'Italia« formuliert Mussolini sein Programm: »Alles, was das italienische Volk groß machen kann, werde ich unterstützen und umgekehrt alles bekämpfen, was dazu bestimmt ist, das italienische Volk zu erniedrigen, zu knechten und arm zu machen.«

1921

Anfang: Die Faschisten wählen das schwarze Hemd als Uniform. Bildung von »Squadristi« (Sturmtrupps). Mussolini knüpft bewußt an die Antike an: Seiner Bewegung gibt er das Rutenbündel der römischen Liktoren als Symbol. Die Mitglieder der Bewegung werden gegliedert in Legionen, Cohorten, Manipel, Centurien usw.

4. April: Mussolini bezeichnet die Eroberung Roms als unmittelbares Kampfziel: »Rom ist unser Ausgangspunkt und unser Endziel, unser Symbol oder, wenn ihr wollt,

II. Der historische Hintergrund

unser Mythos! Wir erstreben das römische, das zähe, starke, disziplinierte und imperiale Italien.«

Mai: Bei den Parlamentswahlen erhalten die Faschisten etwa 35 Abgeordnete. Kinder- und Jugendorganisationen werden militärisch organisiert. – Die bürgerlichen Parteien erkennen die Gefahr nicht, die ihnen durch die Faschisten droht; anstelle eines gemeinsamen Kampfes gegen die Faschisten kommt es zu gegenseitigen Auseinandersetzungen. Bürgerliche Parteien hoffen, die Faschisten durch eine Beteiligung an der Regierung ›zähmen‹ zu können.

November: Umbildung des Kampfbundes zur Nationalen Faschistischen Partei (Partito Nazionale Fascista) mit dem erklärten Ziel, die Macht im Staate zu erringen.

1922

Sommer: Terror der Faschisten: sozialistische Bürgermeister werden zum Rücktritt gezwungen. In Bologna lagern Zehntausende von Faschisten so lange in den Straßen, bis sie die Abberufung eines ihnen unangenehmen Präfekten erreicht haben.

August: Die bürgerlichen Parteien rufen zu einem Streik auf, der sich gegen den Faschismus richtet. Die Faschisten erzwingen den Abbruch.

24. Oktober: Faschistentreffen in Neapel; Begrüßungstelegramm durch den Parlamentspräsidenten in Rom.

28. Oktober: Marsch der Faschisten nach Rom. Knapp 40 000 Männer, schlecht bewaffnet, ziehen aus verschiedenen Richtungen nach Rom. Sie bleiben 30–40 km vor der Hauptstadt stehen, ohne Verpflegung, zermürbt vom Dauerregen, und erwarten vergebens den Befehl zum Angriff. Kleine Truppenteile hätten die Faschisten mühelos vertreiben können, doch der König weigert sich, den Befehl dazu zu geben und den Belagerungszustand zu verhängen.

29. Oktober: König Viktor Emanuel III. beruft Mussolini zum Ministerpräsidenten; dieser kommt am Abend aus Mailand im Schlafwagen nach Rom.

30. Oktober: Die Faschisten ziehen in Rom ein.
31. Oktober: Mussolini übernimmt die Macht; er wird Regierungschef, Außen- und Innenminister. Regierungsbildung mit den Nationalisten (Kabinett der »nationalen Konzentration«).
16. November: Mussolini verkündet vor der italienischen Abgeordnetenkammer das Ende der parlamentarischen Herrschaft in Italien.
25. November: Mussolini erhält bis 31. Dezember 1923 diktatorische Vollmachten zur Wiederherstellung der Ordnung und zur Durchführung eines Reformprogramms. – Die Sturmtruppen werden zur staatlich finanzierten Parteiarmee; sie sind auf Mussolini vereidigt.

1923

Juli: Beginn der rücksichtslosen Unterdrückung Südtirols (Verbot der deutschen Sprache in Schulen und im Amtsbereich), das jetzt in Provincia di Trento umbenannt wird.
14. November: Wahlgesetz zugunsten der Faschisten: die stärkste Partei mit mindestens einem Viertel aller Stimmen erhält zwei Drittel der Parlamentssitze.

1924

6. April: Neuwahlen ergeben 65 % der Sitze für die Faschisten.
10. Juni: Ermordung des sozialistischen Abgeordneten Giacomo Matteotti läßt die Opposition gegen den Faschismus anwachsen. Bürgerliche Parteien ziehen sich aus dem Parlament zurück.

1925

3. Januar: Mussolini übernimmt die Verantwortung für alle Handlungen der faschistischen Revolution. Verschärfung der Diktatur durch Pressezensur, Verhaftungen und Verbannungen. Verbot des Freimaurertums.
24. Dezember: Gesetz über die Befugnisse des Regierungs-

II. Der historische Hintergrund

chefs; dieser trägt die persönliche Verantwortung für die Regierung. Parlament kann nur über Vorlagen beraten, die der Regierungschef vorher genehmigt hat.

1926
31. Januar: Gesetz über die Befugnisse der Regierung: Sie kann rechtsverbindliche Normen ohne die Zustimmung des Parlaments festsetzen.
3. April: Gesetz für die rechtliche Ordnung des kollektiven Arbeitsvertrags: Verbot von Streik und Aussperrung.
Juni: Keine Wahlen mehr in den Provinzen und Kommunen. Endgültiges Verbot der Opposition.

1929
Faschismus und Staat werden gleichgesetzt.

Vgl. dazu auch Kap. V,2 und V,3: Texte zur Diskussion: Theorie des Faschismus und Äußerungen Mussolinis.

III. Dokumente zur Entstehungsgeschichte

Für September 1925 hatte das Ehepaar Mann geplant, mit den beiden jüngsten Kindern (Elisabeth, geb. 1918, und Michael, geb. 1919) einen Urlaub in Forte dei Marmi (s. 1. Anm. Kap. I) zu verbringen. Sie wählten jedoch dann Casamicciola auf Ischia als Aufenthaltsort. Knapp ein Jahr später, vom 31. 8. bis 13. 9. 1926, machte Thomas Mann, wiederum mit seiner Frau und den beiden Jüngsten, Urlaub in der Pension Regina in Forte dei Marmi, in den »zwanziger Jahren bereits ein bekannter Badeort, der aber in erster Linie von Florentinern und Mailändern besucht wurde, die ausländischen und selbst aus anderen Teilen Italiens stammenden Besuchern ein gewisses Mißtrauen entgegenbrachten« (Jonas, S. 78).

Am 6. 8. 1926 schrieb Th. Mann aus München eine Postkarte an den Schriftsteller und Literaturwissenschaftler Ernst Bertram:

»[...] heute hatten wir Nachricht aus Forte dei Marmi, daß wir am 18ten dort einziehen können. Bis zu diesem Tage also sind wir hier und wären natürlich froh, Sie noch begrüßen zu können. Übrigens werden wir nur etwa 3 – höchstens 4 Wochen fortbleiben. Am liebsten, im Grunde, bliebe ich hier, freue mich aber auch wieder auf das Meer und auf den Anblick von südlichen Menschen [...].«

Thomas Mann an Ernst Bertram. Briefe aus den Jahren 1910–1955. Hrsg. von Inge Jens. Pfullingen: Neske, 1960. S. 152.

Während des Urlaubs unangenehme Berührung mit dem Faschismus, die Th. Mann am 7. 9. 1926 in einem Brief an Hugo von Hofmannsthal erwähnte:

»Unser Aufenthalt hier geht zu Ende, am 11. reisen wir. Wir haben Licht und Wärme in Überfülle gehabt, und die Kinder waren glückselig am Strande und im warmen Meer. An

III. Dokumente zur Entstehungsgeschichte

kleinen Widerwärtigkeiten hat es anfangs auch nicht gefehlt, die mit dem derzeitigen unerfreulichen überspannten und fremdenfeindlichen nationalen Gemütszustand zusammenhingen, und uns belehrten, daß man jetzt nicht gut tut, einen Badeort dieses Landes in der rein italienischen Hochsaison aufzusuchen. Erst seitdem bei vorschreitender Jahreszeit das slawisch-deutsche Element sich ausbreitet, fühlt man sich behaglich. Natürlich hat das eigentliche Volk seine Liebenswürdigkeit bewahrt und steht geistig nicht unter dem blähenden Einfluß des Duce. Im Ganzen aber kann ich nicht sagen, daß dieser Besuch meine Achtung vor den Italienern gehoben hätte, trotz schöner physischer und intellektueller Gaben. Das eigentlich europäische Niveau halten eben doch Franzosen und Deutsche (wobei ich natürlich Österreich einbegreife). England bleibt in gewisser Weise darunter, Italien in noch gewisserer. Habe ich Unrecht?«

Fischer-Almanach auf das 82. Jahr. Frankfurt a. M.: Fischer, 1968. S. 30 f.

Unmittelbar nach der Rückkehr, am 15. 9. 1926, drückte Th. Mann sein Unbehagen über den Ferienaufenthalt auch gegenüber Ernst Bertram aus:

»Wir sind seit vorgestern von Forte zurück. Die Kinder waren selig, aber ich nicht, denn es war eine tolle Hitze, und ich mußte schreiben.«

Jens. S. 152.

Jonas kommentiert das Mißvergnügen Th. Manns:

»[...] man geht wohl nicht fehl in der Annahme, daß es vielmehr das politische Klima des faschistischen Staates ist, dem sich auch ein deutscher Tourist wie Thomas Mann, der keine italienischen Zeitungen liest, kaum zu verschließen vermag. Unangenehm fühlt er sich durch vielfache Symptome eines aggressiven, arroganten Nationalismus und die Tätigkeit faschistischer Agitatoren berührt, und so ist es bezeichnend, daß er nun für längere Zeit eine Reise nach Italien vermeidet [...].«

Jonas. S. 22.

Während des Aufenthaltes in Forte dei Marmi kommt es zu der Begegnung mit einem Zauberer, über den Th. Mann am 12. 6. 1930 dem Schriftsteller und Schulleiter Otto Hoerth schreibt:

»Da es Sie interessiert: Der ›Zauberkünstler‹ war da und benahm sich genau, wie ich es geschildert habe. Erfunden ist nur der letale Ausgang: In Wirklichkeit lief Mario nach dem Kuß in komischer Beschämung weg und war am nächsten Tage, als er uns wieder den Thee servierte, höchst vergnügt und voll sachlicher Anerkennung für die Arbeit ›Cipolla's‹. Es ging eben im Leben weniger leidenschaftlich zu, als nachher bei mir. Mario liebte nicht wirklich, und der streitbare Junge im Parterre war nicht sein glücklicherer Nebenbuhler. Die Schüsse aber sind nicht einmal meine Erfindung: Als ich von dem Abend hier erzählte, sagte meine älteste Tochter[1]: ›Ich hätte mich nicht gewundert, wenn er ihn niedergeschossen hätte.‹ Erst von diesem Augenblick war das Erlebte eine Novelle, und um sie auszuführen, brauchte ich das Atmosphäre gebende anekdotische Detail vorher, – ich hätte sonst keinen Antrieb gehabt, davon zu erzählen, und wenn Sie sagen: ohne den Hotelier hätte ich Cipolla am Leben gelassen, so ist die Wahrheit eigentlich das Umgekehrte: um Cipolla töten zu können, brauchte ich den Hotelier – und das übrige vorbereitende Ärgernis. Weder Fuggiero noch der zornige Herr am Strande, noch die Fürstin hätten sonst das Licht der Literatur erblickt.
Ich hätte mich im Hotel zu erkennen geben sollen? Aber wie denn noch weiter? Ich hatte ja mit der Direktion korrespondiert, hatte den Meldezettel ausgefüllt, mein Name war bekannt. Was hätte es mir genützt, noch ausdrücklich und geschmacklos auf ihn zu trumpfen? Ich hatte gar keinen Grund, mich zur Wehr zu setzen. Wir waren unzufrieden mit dem Essen und dem aristokratischen Protektionsbetrieb und fanden die Pension Regina viel distinguierter und sym-

---

1 Erika Mann (1905–69).

III. Dokumente zur Entstehungsgeschichte

pathischer. Wozu meinen Stern entblößen auf die Gefahr hin, daß der Esel gefragt hätte: ›Ja, und?‹«

> Thomas Mann: Briefe 1889–1936. Hrsg. von Erika Mann. Frankfurt a. M.: Fischer, 1961. S. 299f.

Im gleichen Jahr, am 27. 11. 1930, antwortete Th. Mann auf den Brief eines gewissen Hopkins:

»Es ist alles ganz richtig, wir waren im August-September 26 in Forte dei Marmi, das mit dem Torre di Venere der Novelle identisch ist, und wir haben zusammen mit Ihnen den Zauberer gesehen. Seinen wirklichen Namen erfuhr ich erst wieder von Ihnen, Gabriele, ich hatte ihn vergessen. In derselben Pension wohnten wir freilich nicht, sondern in einer anderen, analog gelegenen, die Pensione Regina hieß. Der Name der Wirtin war Angela Querci, woraus mir in der Novelle Angiolieri geworden ist, und diese Dame hatte auch schon von der Novelle läuten hören und erkundigte sich angelegentlich danach. Ich habe es aber vorgezogen, eine Ausrede zu gebrauchen und ihr das Buch lieber nicht zu schicken.«

> Hans Wysling / Marianne Fischer (Hrsg.): Thomas Mann. T. 2: 1918–1943. München: Heimeran, Frankfurt a. M.: Fischer, 1979. (Dichter über ihre Dichtungen.) [Zitiert als: DüD.] S. 369.

Die Arbeit an der Erzählung erwähnte Th. Mann erstmals am 27. 9. 1929 in einem Brief an Hans von Hülsen: »[...] außerdem schreibe ich eine Novelle [...].« Über die erste Niederschrift während des Urlaubs vom 29. 7. bis 23. 8. 1929 in Rauschen, Samland, berichtete Th. Mann im Januar/ Februar 1930 in »Lebensabriß«:

»Aber zufrieden bin ich es doch, daß zu den Stegreifleistungen, vor denen bisher der Roman zurücktreten mußte, auch eine selbständige Erzählung gehört. Ich meine das ›tragische Reiseerlebnis‹ ›Mario und der Zauberer‹, – und mechanischeren Ursachen hat wohl selten etwas – ich will es hoffen – Lebendiges seine Entstehung zu danken gehabt. Einmütig gewöhnt, keinen Sommer ohne einen Aufenthalt am Meere vorübergehen zu lassen, verbrachten wir, meine Frau und ich, mit den jüngsten Kindern im Jahre 1929 den August in dem samländischen Ostseebad Rauschen, eine Wahl, die durch ostpreußische Wünsche, besonders eine oft erneuerte Einladung des Königsberger Goethebundes, bestimmt gewesen war. Auf dieser bequemen, aber weitläufigen Reise das angeschwollene Material, das unabgeschriebene Manuskript des ›Joseph‹ mitzuschleppen, empfahl sich nicht sehr. Da ich mich aber auf beschäftigungslose ›Erholung‹ durchaus nicht verstehe und eher Nachteil als Nutzen davon erfahre, beschloß ich, meine Vormittage mit der leichten Ausführung einer Anekdote zu füllen, deren Idee auf eine frühere Ferienreise, einen Aufenthalt in Forte dei Marmi bei Viareggio und dort empfangene Eindrücke zurückging: mit einer Arbeit also, zu der es keines Apparates bedurfte und die im bequemsten Sinn des Wortes ›aus der Luft gegriffen‹ werden konnte. Ich begann, die gewohnten Frühstunden hindurch auf meinem Zimmer zu schreiben, aber die Beunruhigung, die das Versäumnis des Meeres mir erregte, schien meiner Tätigkeit wenig zuträglich. Ich glaubte nicht, daß ich im Freien arbeiten könnte. Ich muß ein Dach dabei über dem Kopf haben, damit der Gedanke nicht träumerisch evaporiert[2]. Das Dilemma war schwer. Nur das Meer hatte es zeitigen können, und glücklicherweise erwies sich, daß seine besondere Natur auch vermögend war, es aufzuheben. Ich ließ mich bereden, meine Schreiberei an den Strand zu verlegen. Ich rückte den Sitzkorb nah an den Saum des Wassers, das voll von Badenden war, und so, auf den Knien kritzelnd, den offenen Horizont vor Augen, der immerfort von Wandelnden überschnitten wurde, mitten unter genießenden Menschen, besucht von nackten Kindern, die nach meinen Bleistiften griffen, ließ ich es geschehen, daß mir aus der Anekdote die Fabel, aus lockerer Mitteilsamkeit die geistige Erzählung, aus dem Privaten das Ethisch-Symboli-

---

2 verdampft, verdunstet.

III. Dokumente zur Entstehungsgeschichte

sche unversehens erwuchs, – während immerfort ein glückliches Staunen darüber mich erfüllte, wie doch das Meer jede menschliche Störung zu absorbieren und in seine geliebte Ungeheuerlichkeit aufzulösen vermag.«

Thomas Mann: Gesammelte Werke in dreizehn Bänden. Frankfurt a. M.: Fischer, 1974. Bd. 11. S. 139 f.

In einem Brief an die Schriftstellerin Claire Goll vom 21. 9. 1931 schrieb Th. Mann über die Entstehung:

»[...] es freut mich sehr, daß Sie am ›Mario‹ Gefallen gefunden haben. Ich denke auch nicht ungern an die kleine Geschichte zurück, die ich am Strande schrieb. Es war mir merkwürdig, zu sehen, wie aus dem Persönlichen und Privaten etwas Symbolisches und Ethisches erwuchs.«

GW XIII, 166 f.

Im März/April 1940 erzählte Th. Mann in »On Myself« über die Niederschrift der Novelle:

»Zunächst waren es die üblichen Einlagen und ›Nebenbeschäftigungen‹, die sich in die Arbeit an dem Bibelstoff[3] mischten, darunter ein Essay über Heinrich von Kleists ›Amphitryon‹-Komödie, das in direktem Zusammenhang mit dem Mythos-Problem des ›Joseph‹ steht. Aber glücklicherweise gab es diesmal auch eine dichterische Unterbrechung – mochte das Produkt auch einem scheinbar recht äußeren Anstoß seine Entstehung verdanken. Ich verbrachte damals den Sommer in einem kleinen Seebad am Baltischen Meer und hatte die Absicht, am ›Joseph‹ weiterzuschreiben, denn aufs Nichtstun verstehe ich mich leider nicht einmal in den Ferien. Das hätte aber Entbehrung des Meeres bedeutet, denn zum ›Joseph‹ brauchte ich viele Bücher und Zettel, die mir im Seewind davongeflogen wären. Da ich mich aber nicht einsperren lassen wollte, beschloß ich, den ›Joseph‹ für die Feriendauer ad acta zu legen und eine kleine Arbeit zu

---

3 »Josephsroman«.

beginnen, die sich im Strandkorb schreiben, sozusagen aus der Luft greifen ließe. Und so entstand die Erzählung ›Mario und der Zauberer‹, die den Untertitel ›Ein tragisches Reiseerlebnis‹ trägt; die Geschichte von dem Hypnotiseur, den sein Opfer zuletzt erschießt. Die politisch-moralische Anspielung, in Worten nirgends ausgesprochen, wurde damals in Deutschland, lange vor 1933, recht wohl verstanden: mit Sympathie oder Ärger verstanden, die Warnung vor der Vergewaltigung durch das diktatorische Wesen, die in der menschlichen Befreiungskatastrophe des Schlusses überwunden und zunichte wird.«

DüD II,370f.

Die Erzählung erschien unter dem Titel »Tragisches Reiseerlebnis. Novelle« in Velhagen & Klasings Monatshefte, Bielefeld und Leipzig, Jg. 44, Heft 8, April 1930, S. 113–136 und in Buchform unter dem Titel »Mario und der Zauberer. Ein tragisches Reiseerlebnis«, Berlin: S. Fischer 1930, mit Einband, Vorsatz und dreizehn Textbildern von Hans Meid. Am 15. 11. 1931 schrieb Th. Mann an seinen Verleger Gottfried Bermann Fischer über ein geplantes Filmprojekt, das sich jedoch zerschlug:

»Über ›Mario‹ konnten Sie mir noch nichts weiter sagen. Ich fürchte fast, die Sache wird im Sande verlaufen, wie sie es mehrmals tat, als ›Königliche Hoheit‹ in Frage stand. Der Abschluß wäre mir aus finanziellen Gründen natürlich willkommen, und dies war der Grund, weshalb ich Ihnen sogleich möglichst großen Spielraum für die Verhandlungen gelassen habe. 10 000 Dollars für die Weltfilmrechte muß aber wohl ehrenhalber die untere Grenze bleiben.«

DüD II,370.

1956 inszenierte der italienische Regisseur Luchino Visconti an der Mailänder Scala eine Ballett-Aufführung von »Mario und der Zauberer«, wobei

»er durch das Medium des Tanzes und der Musik ein Kunstwerk, das so stark vom Gedanklichen her bestimmt ist, neu zu gestalten weiß. Visconti bedient sich, um dem Wesen von Thomas Manns Werk soweit wie möglich gerecht zu werden, auch der Sprache und eines Chores (die Rolle des Zauberers z. B. ist eine reine Sprechrolle). Der Komponist Franco Mannini hatte den Plan des ›getanzten Melodramas‹ (wie er es nannte) bei Thomas Manns Besuch in Rom mit dem Dichter besprochen und bei ihm durchaus Verständnis, sogar Sympathie für dieses Projekt gefunden. Seine Musik spielt allerdings nur eine untermalende Rolle, während das Bühnenbild eine wichtige Funktion hat. Hier kann der Gegensatz zwischen dem Realismus der ersten Szene mit Marios Traumwelt im zweiten Teil wirkungsvoll kontrastiert werden.«

Jonas. S. 131 f.

1964 führte die ungarische Staatsoper Budapest ein Ballett nach »Mario und der Zauberer« auf, zu dem Andras Pernye das Libretto und István Lang die Musik geschrieben hatten.

IV. Dokumente zur Wirkungsgeschichte

Die literarische Kritik nahm die Novelle begeistert auf und bewunderte ihre formale Meisterschaft. Der politische Hintergrund wurde meist übersehen. Einen Eindruck davon bieten die folgenden Beispiele, die von Mai bis September 1930 erschienen sind.

Eduard Korrodi lobte am 12. 5. 1930 in der Neuen Zürcher Zeitung vor allem die hervorragende Erzählkunst Th. Manns:

»Diese kleine Geschichte Thomas Manns ist auf denselben privaten Ton gestimmt wie die reizvollere Novelle ›Unordnung und frühes Leid‹. Die Manns veröffentlichen gern ihre Familie. Hier zieht sie in ein Bad am Tyrrhenischen Meer ein, gerade in dem Monat, wo die Wärme des Meeres den Grad erreicht, ›der den Südländer dafür gewinnt, hineinzutauchen‹. Hochsaison. Da mag es geschehen, daß florentinische und römische Gesellschaft prävaliert, die Glasveranda gegen das Meer besetzt und die Dynastie Mann im Speisesaal dinieren muß. [...]
Die Schilderung ist nicht nur virtuos, sie wächst sich zu einer Studie italienischen Volkscharakters aus; nicht ganz so liebevoll wie Goethe die italienische Stegreifkunst beschrieben hat, kann es Th. Mann tun, denn sein Zauberer Cipolla ist eine fatale Figur. [...]
Nur ein rechtmäßiger Zauberer der Sprache konnte den andern, die rationale Welt beklemmenden Hexer in einem so skurrilen, wirklich-unwirklichen Spiel beschwören und vernichten.
Aber, aber ... zu guter Letzt fragt man sich: Zu welchem Ende erzählt uns Thomas Mann mit solcher Zuversicht und mit so heller Kunst – die schwarze Cipollas? Kommt etwas dabei heraus, tritt er aus seiner Rolle des Beobachters? Nein, er begnügt sich mit einer realistischen Studie, so vollkommen als beschränkt sie erscheint. Es bleibt ihr die Auszeich-

nung, daß so überraschend, klug und feingezwirnt doch kein anderer erzählen kann als Thomas Mann, der vor denen, die ihm Würde, Gravität, Länge, Wissenschaft und Schwere vorwerfen, sich elegant entschuldigt: Er vermöchte das Leichtere auch!
Sogar virtuos!«

Nr. 929. Abendblatt.

Bezeichnend ist die Kritik von Alfred Kantorowicz am 20. 6. 1930 in der »Literarische Welt«, in der er es ablehnt, einen politischen Hintergrund zur Kenntnis zu nehmen und statt dessen dazu aufruft, die Erzählung »entzückt zu genießen«:

»Eine neue Novelle von Thomas Mann, die er als ›ein tragisches Reiseerlebnis‹ bezeichnet. Es ist wieder eine jener köstlichen Miniaturen, eingeschoben zwischen die großen Epen, ein Aperçu gleichsam im Gesamtraum des Lebenswerkes. Manche werden vermuten, daß es mit dieser Novelletta eine eigene Bewandtnis habe; die merkwürdige, gefährliche, abstoßende und zugleich anziehende Figur des Cipolla, der sich Illusionista nennt und ein Hypnotiseur höchsten Ranges ist, dieser bösartige Magier aus dem Lande Mussolinis, er sei nichts anderes als ein Symbol der Diktatur. Aber mag es im Sinne des Autors angebracht oder unangebracht sein, dem von ihm berichteten Begebnis Deutungen zu geben, die durch die Schicht der ästhetischen Würdigung durchstoßen, er selbst bleibt undurchsichtig, und er verläßt nie die Ebene des Berichtes.

So wird es gut sein, Vermutungen aus dem Wege zu gehen und mit Unbefangenheit den Goût dieses schmalen Bandes entzückt zu genießen. Thomas Mann konversiert. Er erzählt von Stimmungen und Ereignissen während einiger Sommerwochen in einem kleinen italienischen Badeort – leichthin berichtet in fast weltmännisch gemessener Form direkten, persönlichen Gesprächs: Reiseerinnerungen in privatem Zirkel privatissime vorgetragen. Aber so privat diese Erinnerungen anmuten, sie sind doch immer auf der Ebene des

Allgemeingültigen und innerhalb dieses Bezirks exemplarisch. Ein beiläufiger Zusammenstoß mit dem servilen Byzantinismus eines Hoteldirektors wird mehr als ein zufälliges, höchst persönliches Intermezzo: er wächst in kurzer Reflexion zu nachhaltiger und ärgerlicher Betrachtung einer kleinbürgerlich naiven Mentalität, die ihre unzulänglichen Wertmaßstäbe aggressiv zu stabilisieren weiß. [...]
Das atmosphärische Unangenehme dieser Sommerwochen kam aus der kleinbürgerlichen Überbetonung eines neuen nationalen Selbstgefühls und aus den etwas aggressiv sich darstellenden neuen Ordnungsprinzipien des faschistischen Regimes. [...]
Und als Krönung all dieses Unbehagens kommt dann die Affäre mit Cipolla, dem verkrüppelten, menschenfeindlichen Magier, der während seiner Vorführung durch gehässigen Mißbrauch seiner hypnotischen Fertigkeit die naive Seele des verträumten Kellnerburschen Mario so entwürdigt, daß dieser – die Szene wird zum Tribunal – das Schauspiel mit wohlgezielten Schüssen auf Cipolla endet.
Unverzüglich bricht an diesem Punkt auch die kleine Erzählung ab, ohne sich auf weitere Kommentare dieser merkwürdigen und schrecklichen Begebenheit einzulassen. Eine Episode: wiedererzählt in der überlegenen Form, in der aristokratische Distanz und menschlich interessierte Anteilnahme sich wechselwirkend zugleich zur Geltung bringen. Diese neue Erzählung Thomas Manns ist eine neue Gipfelung seiner formalen Kunst. (Der schmale Band ist ausgestattet und mit graziösen Textzeichnungen versehen von Hans Meid.)«

Nr. 25.

In ähnlicher Weise betont Gustav Keckeis im Juli 1930 im »Literarischen Handweiser« die sprachlichen Fähigkeiten Thomas Manns:

»Das Reiseerlebnis mit seiner bloß aquarellierten italienischen Rivieralandschaft und den rasch und sicher gezeichneten Menschen, eine bis in fröstelnd erspürte Untergründe okkulter Kräfte langsam, scheinbar umständlich und beiläu-

IV. Dokumente zur Wirkungsgeschichte

fig eindringende Erzählung von einem buckligen Hypnotiseur und seiner Zuhörerschaft, ist meisterhaft geschrieben, das Wort im künstlerischen, nicht im rezensionsüblichen Sinn genommen.
Die Sprache, obwohl nicht wesentlich dichterisch, hat eine ihrer eigenen Sorgsamkeit spannfähig entgleitende Art, so daß die Satzbildung, durch manchen geistgefüllten Nebensatz spiralend, sicher nach ihrem Ziel und zurück in die Hand des Meisters gelangt oder gleich einem durchscheinenden Garn über zartere Dinge sich legt und lächelnd wieder abgehoben wird. Das Lächeln und Unbehagen ironisiert und mildert ein seiner Aufgabe fortwährend bewußter, heftige Gemütsausbrüche ökonomisch dämpfender Verstand, in dessen klarer Spiegelung aber auch die leisesten Bewegungen des Innenlebens sichtbar werden und sonderbar eindrucksvoll verhuschen. Ist dies künstlerisches Können von so durchgebildeter Art, daß ein sublimes Tastvermögen von Außen her die sonst nur von Innen heraufdrängende dichterische Unerklärlichkeit zu berühren vermag? Bis man nicht mehr weiß, woher die Wirkung kommt? Vielleicht?
Ähnliches möchte man von der außerordentlich klug und unauffällig gebauten Handlung sagen. Künstlerische Absichten (die Ruhepunkte durch die Anwesenheit der Kinder bei der nächtlichen Zaubervorstellung, die fast unbemerkbare Einführung Marios, die rhythmische Knotung der Vorgänge durch Giovanotto) werden im Ordnungsbereich dieses eminent ›verständigen‹ Künstlers zu den scheinbar natürlichsten Selbstverständlichkeiten. Das ist echt Thomas Mannsche Leistung. Wenn aber dann der ruhige Strom der Erzählung mit seinen vielen, in Buchten auskräuselnden Wellen immer mehr in einer dumpfen, drückenden Atmosphäre dahinzieht und der empfindsame Leser die schließliche Tragik spürt und der gelassene Erzählerton von Schauern umwittert wird, die sonst nur aus dichterischer Abgründigkeit steigen – dann staunen wir doch über die Tiefe und Fühlerfeinheit des ›schriftstellerischen‹ Tastvermögens.«

Nr. 66. S. 778 f.

Einen Deutungsversuch, der über die »edle, wohllautende Gesprächigkeit Thomas Manns«, die er eingangs rühmt, hinausführt, unternimmt Werner K r u g im September 1930 in der Zeitschrift »Literatur«:

»Tragisch? (unter dem Titel lasen wir die Worte ›Tragisches Reiseerlebnis‹). Der Tod eines Menschen, auch der gewaltsame, ist an sich nie tragisch. Was kümmert uns das Leben Cipollas? Was geht uns Mario, der Mörder, an, der kaum erwähnt wird und also auch nicht der Held sein kann? [...]
Im zweiten Teil der Zaubervorstellung wird eine Dame behext: Cipolla zwingt sie, den Platz neben ihrem Gatten zu verlassen und ihm, der langsam rückwärts geht, zu folgen; eine Szene, zu der der Thersites[1] Shakespeares seine geistreichsten und unflätigsten Anmerkungen gemacht haben würde. Vergebens wird die Traumwandelnde von ihrem Gatten zurückgerufen, ›ohnmächtig verhallt die arme Stimme der Liebe und Pflicht im Rücken einer Verlorenen –‹. Hier wird evident, daß die Form unserer kleinen Erzählung sich zum Weltganzen erweitert, und Cipolla steht hierfür, verkörpert den Dämon, der den Menschen wider alle Einsicht, wider alles Wollen (oder Können?), wider alle Vernunft verlockt, verführt, überredet, überlistet. Und das ist die Tragik nicht nur dieser Erzählung, sondern der menschlichen Situation überhaupt; Aufstieg und Hybris in Wahrnehmung, Vernunft und Wille; Fall in Verblendung, Täuschung und Besessenheit; die Schuld aber darin, daß wir, obgleich mit Wahrnehmung, Vernunft und Wille ausgestattet, uns doch nicht der Täuschung, Verblendung und Besessenheit verschließen (wollen oder können). Daß gelegentlich das ganze Auditorium seinen gemeinsamen Willen dem Zauberer aufzwingt, nur aber mit dessen Genehmigung und auf dessen ausdrücklichen Wunsch, kann die hier gegebene Deutung bei einigem Nachdenken nicht entkräften.«

Nr. 32. S. 696 f.

---

1 in Shakespeares »Troilus und Cressida«.

Otto Fränkl betont am 2. 11. 1930 in der Zeitschrift »Goetheanum« wiederum den ästhetischen Genuß, empfindet allerdings über den Ausgang, den er nicht zu deuten vermag, ein Gefühl der Unbefriedigtheit:

»Thomas Manns neueste Novelle erzählt – kein anderer könnte sie und wollte sie so erzählen – eine Begebenheit aus der Sommerfrische, aus einem italienischen Seebad am tyrrhenischen Meer, nicht allerersten Ranges: wie verschiedene widrige Umstände, vielleicht bloß ärgerliche Kleinigkeiten an sich, in ihrem Zusammenwirken eine unbefriedigende und wenig erholende Grundstimmung für ›uns‹ erzeugen, das ist: für ein deutsches Ehepaar (der Gatte ist der Erzähler) mit zwei Kindern von vielleicht acht und sechs Jahren; und wie diese eigentlich nicht zu beschreibende, von Thomas Mann aber auf das allergenaueste beschriebene malaise einen zugleich chokanten und doch irgendwie moralisch befriedigenden Abschluß findet, in dem Knalleffekt eines mörderisch abgefeuerten Revolvers. [...]
Die Geschichte von Mario und dem Zauberer ist nicht das erste von Thomas Manns Kunstwerken, das kulinarische Assoziationen hervorzurufen vermag, irgendwie die Erinnerung an gewisse Delikatessen, deren gelegentlicher Genuß Vergnügen bereiten mag, ohne allerdings eine häufige Wiederholung zu dulden, und von denen man sich unmöglich ernähren kann – ihr Reiz liegt in der Verfeinerung, in der Überfeinerung.
Es gibt kaum eine höhere Meisterschaft als die Thomas Manns in der anscheinend selbstverständlich, in Wirklichkeit virtuos raffinierten Darstellung. Diesmal ist es die Spannung zwischen dem Wesen deutscher und italienischer Seelenart, insbesondere aber deutscher und italienischer Sprache, die dem Erzählten die charakteristische Note gibt. Und zwar ist es weniger die reichliche Einmischung italienischer Worte und Sätze, als vielmehr die wörtliche Übertragung ins Deutsche aus der echt empfindungsseelenmäßigen Diktion des Italieners. Man lese etwa in der Zeitung eine Rede über

irgendein aktuelles Thema, in italienischer Sprache gehalten und wortwörtlich ins Deutsche übersetzt, und man kann das als eine Ungerechtigkeit am Textgehalt empfinden, der dann stets Gefahr läuft, im Deutschen einen leicht lächerlichen Beiklang zu bekommen. Das kommt aus einer Art von historischer Niveaudifferenz zwischen beiden Sprachen. Und dieser entfernte Beiklang ist es, den Thomas Mann diesmal in aller Bewußtheit wie einen akustischen Hintergrund mitschwingen läßt. Bei diesem Dichter ist ja überhaupt das Menschenleben eine akustische-optisch-atmosphärische Angelegenheit, die mehr oder minder auf die Nerven geht, etwas, was sich in seiner gröberen und feineren Materialität minutiös beobachten, unbewegt registrieren und dann mit restlos erschöpfender Präzision schildern läßt, so restlos, daß der Phantasie des Lesers nicht die mindeste Aktivität belassen wird, eine Angelegenheit, die in dieser Schilderung unwiderstehlich ist, aber, wenn der Bann beendet ist (nach dem Schlußpunkt), das schale Gefühl von Unbefriedigung hinterläßt, ja, wenn man diese Faszination als Poesie anerkennen soll – Unbefriedigung, in die sich Verzweiflung mischt.«

Nr. 9. S. 351.

Die außerordentlich hohe Künstlerschaft des Autors betonen auch die folgenden Rezensionsbeispiele: Stephan Ehrenzweig 1930 in der Zeitschrift »Das Tagebuch«:

»Aber wie ist das gemacht! Wie ist auf den ersten vierzig Seiten die Luft, die Landschaft, die Gesellschaft des Schauplatzes eingefangen, mit wie nobler Entrüstung und doch mit welchem Takt das ›atmosphärisch Unangenehme‹ dieser italienischen Sommerfrische von heute festgestellt!

Es ist scheinbar ein schlichtes Referat, das ein paar mehr oder weniger handelnde, aber gleich ausgezeichnet illustrierende Personen lebendig macht, auf den ersten Blick ein kühler Bericht, der nach und nach und mit der überlegensten Meisterschaft der Komposition die Spannung erzeugt – eine Spannung, die dann in dem unglaublich plastisch hinge-

stellten, reich belebten Saal, wo der verwachsene Künstler Cipolla sich produziert, zu einer Beklemmung anwächst, wie sie von sämtlichen Arrangeuren bewaffneter Begegnungen von Wallace bis Wallace[2] nicht erreicht werden kann. [...]
Ohne eine Spur von Redseligkeit, mit einer geradezu keuschen Noblesse des Ausdrucks ist hier ein kaum erreichbares Musterbeispiel von künstlerischer Psychologie geschaffen.
Kühle des Ausdrucks? Überfeinerung des Stils? Ja, aber ohne eine Spur von Frostigkeit. Literatur? Ja, und dreimal ja! Literatur im höchsten, besten Sinne, im Sinne eines einsamen Niveaus, das dennoch gesegnet ist mit dem Segen der vollkommenen Zugänglichkeit –: wie ein Stück Natur liegen die komplizierten, vielfältigen seelischen Vorgänge in diesem Saale zutage. Nichts wird angetastet, und nichts bleibt unklar.
Verschlägt es da etwas, daß in aller Schwüle des Geschehens die Exklusivität des Mannschen Wortes gewahrt bleiben konnte?
Nein, ›Mario und der Zauberer‹ ist ein vollendetes kleines Meisterwerk, und für uns, die wir an seinem großen Meister schon zweifeln wollten, ist die Novelle noch mehr: ein hocherfreulicher und überraschender Beweis für die Integrität von ihres Autors lebenskräftiger Künstlerschaft, der man nach diesem gleich reifen wie frischen Werk mit dem jungen Grün spontanen Beifalls ebenso gerecht wird, wie man es mit dem Purpur des Nobelpreises längst geworden ist.«

11,II. S. 1073 f.

---

[2] Gemeint ist: vom historischen Bestseller »Ben Hur« bis zu den Krimis der letzten Jahre. – Anspielung auf Lewis Wallace (1827–1905), amerikan. General und Diplomat, dessen »Ben Hur« (1880) nicht zuletzt wegen der Beschreibung von Schlachten und Wagenrennen einer der erfolgreichsten Romane seiner Zeit war, und auf Edgar Wallace (1875–1932), Verfasser von über 170 erfolgreichen und oft verfilmten Kriminalromanen.

Arthur Eloesser schreibt im November 1930 in der
»Neuen Rundschau«:

»Die neue Novelle von Thomas Mann oder, wie er es nennt: Ein tragisches Reiseerlebnis (S. Fischer Verlag). Ein knappes Bändchen in einem hübschen Karton, auf dem ich eben erst die italienische Trikolore in einem blasseren und bescheideneren Grünweißrot entdecke. Man kann die Farben hier auch anders ausdeuten: Grün das Land, weiß der Strand, rot die Sonne. Hübsch auch sonst die Zeichnungen von Hans Meid; er folgt dem Dichter mit einem schlank abschließenden bestimmten Kontur, der doch wieder, mit keinem anderen Hintergrund als der weißen Papierfläche etwas Unbestimmtes freigibt.
Dieses Reiseerlebnis, wahrscheinlich auch auf einer Reise oder in Ferienmuße geschrieben, ist ein Meisterwerk, ein ungemütliches Gegenstück zu dem gemütlichen ›Unordnung und frühes Leid‹. Beide Male erzählt Thomas Mann als Hausvater, von der Familie, von den Kindern, nur daß er diesmal draußen ist, nicht mehr häusliche Autorität und Vorsehung, sondern Zufällen, Begegnungen, unfreundlichen Geistern ausgesetzt, für die er auch nur ein irgend Jemand ist. [...]
Welch ein Künstler! Welch ein Atelier! Mit immer neuer Könnerschaft! Wie klein scheinen hier die Griffe, und wie weit reichen sie! Wie schmal die Gelenke, und wie tragfähig! Man liest die Erzählung in einer Stunde, man liest sie noch einmal und öfter, immer langsamer, um sich jedesmal das Vergnügen an dieser Feinmechanik zu steigern, an einem durchsichtigen Bau von Glas und Stahl, der ganz Fenster scheint.
Ein schmaler Turmbau, aus dem Familiären, Gelegentlichen, Zufälligen bis ins Tragische hinaufgezogen und zu den hohen Lebensfragen, für die es keine Antwort auf Ja oder Nein gibt. Warum blieb man in Torre di Venere? Warum ging man mit den Kindern, und in so später Stunde, zu der Vorstellung des Cavaliere Cipolla, der sich als Zauberkünst-

IV. Dokumente zur Wirkungsgeschichte

ler ankündigt und als Hypnotiseur bestätigt? Warum blieb man in dem demütigenden Bereich dieses widerlichen, bombastischen Phrasenschleuderers mit dem Buckel, mit den gelblichen Krallen, mit der Reitpeitsche, der den Menschen den Willen nimmt, vielleicht aber auch ihre Leiden auf sich nimmt?
Ein peinigendes Kapitel von der menschlichen Willensfreiheit, ein Wachtraum von gespenstischer Überdeutlichkeit am Rande des Abgrunds, in dem unsere Schwäche sich eindunkelt. Wer da hinunter kraucht, es muß ein Beraubter, Erniedrigter, Verkommener sein und schamlos genug, mit ihr zu verkehren, der beherrscht diese Schwäche durch ihre Entblößung. Den Vampyr wischt ein Pistolenschuß weg von dem in seiner Jünglingsscham mißbrauchten Mario. Der Spuk ist zergangen, der uns kalt ins Blut ging. Dennoch, auch dieser Vampyr, auch dieser unwiderstehliche, unausstehliche Zauberer war ein Opfer, war das Gespenst auf unser aller Rücken. Das ist mit Meisterschaft bewiesen, aber nicht ohne den wohltätigen Rest des Unaufgelösten, der aus der elegant geführten Differentialrechnung hinuntersinkt ins Gefühlmäßige, ins Irrationale, in den Abgrund. Die Analytiker werden staunen und dann versuchen, seinen Kubikinhalt auszumessen.«

Nr. 41. S. 718 f.

Th. Mann scheint diesen Rezensenten rechtzugeben, wenn er am 15. 4. 1932 in einem Brief an Bedřich Fučík eine vorwiegend politische Deutung der Novelle ablehnt:

»Was ›Mario und der Zauberer‹ betrifft, so sehe ich es nicht gern, wenn man diese Erzählung als eine politische Satire betrachtet. Man weist ihr damit eine Sphäre an, in der sie allenfalls mit einem kleinen Teil ihres Wesens beheimatet ist. Ich will nicht leugnen, daß kleine politische Glanzlichter und Anspielungen aktueller Art darin angebracht sind, aber das Politische ist ein weiter Begriff, der ohne scharfe Grenze ins Problem und Gebiet des Ethischen übergeht, und ich möchte die Bedeutung der kleinen Geschichte, vom Künstlerischen abgesehen, doch lieber im Ethischen als im Politischen sehen.«

Briefe 1889–1936. S. 315.

Noch am 14. 10. 1949 betonte der Autor in einem Brief an Louis M. Grant, daß bei dieser Erzählung nicht zu viel Gewicht auf die Darstellung der politischen Verhältnisse gelegt werden solle:

»›Mario and the Magician‹ should not be regarded too much as an allegory. It is simply a story of human affairs which should interest the reader for its own sake and not for some hidden meaning.
The hypnotician did not know Mario before, and did not know anybody from the audience beforehand. But he has a clever technique of finding out poeple's personal secrets, and he realizes very soon what is going on between Mario and the aggressive youth with the wild, fascist haircut. He understands that they are rivals for the affections of the same girl, and during his hypnosis he makes Mario believe that he himself is the girl Mario loves so that Mario kisses him. When Mario discovers the deceit, he is so enraged that he shoots the magician. The fact that he carries a gun is hardly surprising considering the jealous tension existing between him and the arrogant youth.«

DüD II,372 f.

Immerhin trifft zu, daß Th. Mann von einer bestimmten Leserschicht, wie es Wolfgang F r e e s e formulierte,

»nicht nur um 1930, sondern bis lange nach dem zweiten Weltkrieg unter den von ihm selbst geschaffenen Vorbedingungen gelesen und verstanden worden. Die Rezeption findet kaum anders als unter den Bedingungen der Geschichte einer kontinuierlichen Produktion statt. Thomas Mann hat seinen Leser, der ihn kennt, das heißt, der ihn mitgelesen hat und einen großen Teil seiner Assoziationen aus dem bisherigen Werk bezieht.«

Freese. S. 672.

IV. Dokumente zur Wirkungsgeschichte

Freese sucht diese Einstellung zu erklären:

»Ist es aber, um einen letzten Gesichtspunkt anzureißen, nur im Hinblick auf den hier beschriebenen Thomas Mann-Leser wenig verwunderlich, daß das ›tragische Reiseerlebnis‹ um 1930 auf diese erwähnte Weise gelesen wurde? Es geschah wohl auch deshalb, weil die politische (rezeptionstheoretisch gesprochen konnotative[3]) Ebene nicht den später beanspruchten Aktualitätsgrad besaß. Um 1930 konnte kaum jemand, von seiner vertrauten Leserschaft ganz abgesehen, es ernsthaft für möglich halten, Thomas Mann wolle hier eine psychologische Studie des italienischen Faschismus jener Jahre geben mit Aufforderung zum politischen Attentat und Tyrannenmord. *Warnende* Funktion, wie die Forschung gerne behauptet, konnte die Novelle ebenfalls kaum noch besitzen. Das faschistische System, soweit man bei dieser spezifisch opportunistischen Gewaltpolitik überhaupt von System reden darf, war seit langem etabliert und bekannt. [...]
Haben also nur Mussolini und seine Fasci di Combattimento die Erzählung ernst genommen, als sie auf den Index gesetzt wurde? Nun, auch hier, bei den Nicht-Lesern, gab es offensichtlich Mißverständnisse. Man empfand sie, trotz Thomas Manns wiederholten Versicherungen gegenteiliger Absicht, als anti-italienisch, was sich übrigens auch in der verbreiteten Genugtuung deutscher Leser aussprach [...].«

Freese. S. 673 ff.

Allerdings gab es schon gleich nach dem Erscheinen der Erzählung genaue Beobachter. Zum Beispiel schrieb Julius Bab in seiner Besprechung »Der italienische Zauberer«:

»Von Thomas Mann, dem deutschen Nobelpreisträger, erscheint etwas Neues: ein ganz kleines Buch, reizend ausgestattet, in einer Kassette, mit hübschen Zeichnungen von Hans Meid. Titel: ›Mario und der Zauberer. Ein tragisches

---

[3] sprachliche Formung und Erkennung von Emotionen.

Reiseerlebnis.‹ Die Geschichte, die Thomas Mann da in seiner bekannten, künstlich versteiften, humorvoll sachlichen Art vorträgt, hat sehr langsames Tempo. Es scheint außerordentlich lange zu dauern, bis schließlich doch sehr plötzlich die Pointe eintritt: Ein Zauberkünstler, der eigentlich ein Hypnotiseur ist, gibt in einem Badeort der italienischen Riviera eine Vorstellung. Zuletzt und als höchster Trumpf suggeriert er einem armen jungen Burschen, er wäre seine vergeblich angeschmachtete Geliebte, und er bringt ihn dazu, daß er ihn küßt. Im Augenblick des Erwachens wird der junge Mensch von Wut und Ekel überwältigt und erschießt diesen gewalttätigen Zauberer. – Das ist alles, und es scheint sehr lange zu dauern, bis man durch eine langwierige Darstellung des Badeortes und dieser Zaubervorstellung zu dieser Pointe kommt. Aber wenn man zurückblickt, entdeckt man plötzlich, daß diese ganze Vorbereitung sehr nötig war, und daß in ihrem Lichte dies tragische Reiseerlebnis einen sehr viel weiter reichenden Sinn gewinnt. Dieser ganze Ort ist ›atmosphärisch unangenehm. Ärger, Gereiztheit, Überspannung lagen von Anfang an in der Luft.‹ Es ist die Luft des faschistischen Italiens! Alles ist geschwängert von posierender Großartigkeit, nationalistischer Unduldsamkeit und einer tyrannischen Gewalttätigkeit, die gleichsam von oben nach unten auf die ganze Nation träuft. Dieser bucklige Zauberer, der mit seiner Suggestionsstärke die Menschen vergewaltigt, mit einer wippenden Reitpeitsche jedes Selbstgefühl unterjocht, er wird schließlich zur spukhaften Karikatur des hier viel genannten großen Mannes, der heute mit etwas, aber nicht sehr, anderen Mitteln sein ganzes Volk und die halbe Welt in Suggestion hält. Am Ende aber bricht die Empörung der geschändeten Seele aus. ›Ein Ende mit Schrecken, ein höchst fatales Ende und ein befreiendes Ende dennoch. Ich konnte und kann nicht umhin, es so zu empfinden!‹ Sicherlich, es wäre falsch, zu behaupten, Thomas Mann habe hier bewußt etwas Politisches versinnbildlichen wollen. Wahrscheinlich ist die Sache mit dem Zauberkünstler wirklich so ähnlich passiert. Aber eben deshalb hat

IV. Dokumente zur Wirkungsgeschichte

sie sinnbildliche Stärke! Wenn Mussolini etwas von Kunst verstände, müßte er diese Novelle in Italien verbieten lassen.«

Berliner Volkszeitung. 8. 5. 1930.

Th. Mann antwortete ihm daraufhin am 12. 5. 1930:

»Die Brennergrenze werde ich jetzt wohl nicht mehr überschreiten dürfen.«

DüD II,367.

Stefan Großmann meinte 1930 in der Zeitschrift »Das Tagebuch« am Schluß seiner Besprechung:

»»Wahrscheinlich kann man vom Nichtwollen seelisch nicht leben; eine Sache nicht tun wollen, das ist auf die Dauer kein Lebensinhalt; etwas nicht wollen und überhaupt nicht mehr wollen, also das Geforderte dennoch tun, das liegt vielleicht zu benachbart.‹ In der Erzählung Manns gelten diese Sätze dem Hypnotiseur Cipolla, aber können sie nicht auf einen viel mächtigeren italienischen Rhetor oder Zauberer oder Herrscher angewandt werden? Ist in diesen politischen Sätzen nicht der Grund für die Apathie und Folgsamkeit des italienischen Bürgertums angegeben? Cipolla hat seinen Willen dem ganzen Städtchen aufgezwungen, bis ein der Hypnose Entsprungener ihn niederschießt. Dies jähe Ende, es kann kein anderes geben, bestärkt den nachgenießenden Leser in dem Wissen, daß Mann als Erzähler immer auch Politiker ist.

Man sieht, ›Mario und der Zauberer‹ ist eine sehr spannende Sommernovelle, von jungen Damen auf dem Strande zu lesen. Aber auch Ministerpräsidenten sollten sie in den Ferienkoffer packen.«

Zitiert nach: Schröter. S. 176 f.

Noch deutlicher formulierte Bernard Guillemin:

»Diese Novelle birgt, wenn wir uns nicht täuschen, so etwas wie einen unausgesprochenen Sinn und ein Geheimnis in ihrem Schoß, das wir freilich weder die Absicht noch auch das Recht haben, mit roher Hand an den Tag zu zerren. Die Frage, die uns vielleicht am ehesten zu diesem versteckten Sinn der Novelle ›Mario und der Zauberer‹ hinleitet, ist die Frage nach dem Zusammenhang zwischen dem ersten und dem zweiten Teil des Werkchens. Auf den ersten Blick besteht nur eine ziemlich lose Verbindung, keine organische Proportion. Sehr genau, sehr überzeugend und lebensecht wird uns die unbehagliche, sonderbar überreizte und (um ein Lieblingswort Mussolinis zu gebrauchen) ›erhitzte‹ Stimmung in einem kleinen italienischen Seebad geschildert. Diese Schilderung nimmt fast ein Drittel der Novelle ein, die im übrigen von einem Zauberer und seinen Darbietungen handelt. Und zuerst hält man die unverhältnismäßig breit ausgesponnene Ouvertüre als nicht zum Thema gehörig, bis man allerdings zu ahnen beginnt, daß vielleicht doch eine untergründige Beziehung besteht zwischen ihr und dem Folgenden. Denn es folgt zwar das Auftreten des Magiers Cipolla, es folgen allerhand fragwürdige Kunststücke, die ganz für sich zu stehen scheinen – und tatsächlich will dieser Cipolla, der seine hypnotische Begabung auf die taktloseste und gefährlichste Weise mißbraucht und schließlich von einem Opfer seiner entwürdigenden Hänseleien erschossen wird, nichts anderes sein als er selbst. Doch obzwar er nur sich selbst ähnlich ist, gehört er, entkleidet man ihn seiner scharfumrissenen konkreten Individualität, einem größeren und höheren Typus an, mit dem er den rhetorischen Glanz, das rattenfängerische Wesen, die wirksame Zauberei der Schlagworte und Formeln, die Kunst der Willensentziehung und -aufnötigung, die bewundernswerte, aber auch gefährliche Fähigkeit der ›Erhitzung‹, die heute sein Volk immer lauter und selbstgewisser zu beherrschen scheinen, vertretungsweise gemein hat ... Und so weist Cipolla, auf eine freilich sehr undeutliche, versteckte und geheimnisvolle Weise, zugleich über sich selbst hinaus. Gleichwohl – die Novelle ist darum mit nichten eine Schlüsselnovelle und Cipolla selbst mit nichten eine Maske für jemand anderen. Was wir hier andeuten, ist nicht einmal als Analogie, son-

IV. Dokumente zur Wirkungsgeschichte

dern lediglich als die Spur und als der Schatten einer solchen zu verstehen. Aber wenn die Bretter die Welt bedeuten, dann bedeuten auch Cipollas Bretter die Welt, und dann ist es erlaubt, geheime Entsprechungen zu sehen zwischen dem, was in einem Saal des italienischen Seebades Torre di Venere geschieht, und dem was in einem größeren Umkreis rings um diesen Saal in der italienischen Welt geschieht. Dann ist es gestattet, den Vergleich zu ziehen zwischen kleiner und großer Zauberei, zwischen kleiner und großer ›Erhitzung‹. Und zu diesem Vergleich einzuladen, das scheint mir nicht zwar das Hauptmotiv des Dichters, aber die heimliche Bestimmung, der dem Dichter vielleicht nicht einmal bewußte Hintergedanke seiner Novelle zu sein.«

Nürnberger Zeitung. 18. 6. 1930.

Italien reagierte mit einem Verbot der Erzählung. Th. Manns jüngster Bruder, Viktor Mann, der ihre politische Bedeutung nicht gesehen hat, berichtet darüber:

»Die Gestalten der Geschichte ›Unordnung und frühes Leid‹ sind großenteils identisch mit denen von ›Mario und der Zauberer‹. Und der Autor tritt in beiden ganz ohne Maske in Erscheinung: als pater familias unter den Seinen.
Sogar bei diesen so liebenswürdigen Büchlein gab es Beleidigte. Im Falle Mario war es gleich ein ganzer Staat – das neue faschistische Italien –, der die Ironie übelnahm und die kleine Novelle auf den Index setzte, so wie er die Nacktheit der kleinen Elisabeth am Strande als ›molto grave‹ mit fünfzig Lire geahndet hatte. Totale Systeme haben eben keinen Humor. Sie leben geradezu von Humorlosigkeit.«

Viktor Mann: Wir waren fünf. Bildnis der Familie Mann. Konstanz: Südverlag, 1949. S. 513 f.

Thomas Mann selbst betonte schon am 12. 6. 1930 gegenüber Otto Hoerth, daß er frei sei von Gehässigkeit gegenüber Italien, ohne jedoch politische Bezüge auszuschließen:

»Besonders dankbar bin ich Ihnen dafür, daß Sie meinen Willen zur Gerechtigkeit anerkennen und keine Gehässigkeit gegen Italien und das Italienische in der Geschichte finden. Etwas Kritisch-Ideelles, Moralisch-Politisches ist mir freilich im Lauf der Erzählung aus dem Privaten und zunächst Unbedeutenden erwachsen, was eine bestimmte Abneigung erkennen läßt und der anfangs nur irritierenden Atmosphäre zuletzt den unheimlichen und explosiven Charakter gibt.«

Briefe 1889–1936. S. 299.

Noch deutlicher betonte er 1941 in einem Brief an Hans Flesch den »moralisch-politischen Sinn«:

»Sie stellen mir eine Frage, die mir aus der Zeit, als ›Mario und der Zauberer‹ erschien, schon vertraut ist. Ich kann nur sagen, daß es viel zu weit geht, in dem Zauberer Cipolla einfach eine Maskierung Mussolinis zu sehen, aber es versteht sich andrerseits, daß die Novelle entschieden einen moralisch-politischen Sinn hat. Der europäische Faschismus war damals im Heraufziehen, seine Atmosphäre lernte ich bei dem Besuch in Italien, der die Erzählung zeitigte, kennen, und die Tendenz der Novelle gegen menschliche Entwürdigung und Willenszwang ist denn auch in der vorhitlerisch[en], nationalistisch-faschistischen Sphäre Deutschlands klar genug empfunden worden, so daß in diesen Kreisen die Erzählung heftig abgelehnt wurde. Immerhin, sie ist in ihrer Gesamtheit als Kunstwerk zu betrachten, nicht als tagespolitische Allegorie.«

DüD II, 371.

1946 interpretierte Henry C. Hatfield die Erzählung konsequent im Hinblick auf ihre politische Bedeutung, wobei es ihm vor allem auf die Person Cipollas ankam:

»In his opening scenes, Mann works with the greatest care to put the reader in the desired frame of mind about Italian fascism. Very early in the story, he equates the nationalism of

IV. Dokumente zur Wirkungsgeschichte

the crowd at Torre di Venere with lower middle-class vulgarity, and contrasts it devastatingly to the international and somehow aristocratic atmosphere of the Pensione Eleonora. Indeed, fascism is seen throughout from the point of view of the highly cultivated patrician, rather than that of the militant democrat. Without denying the attractive qualities of the Italians, Mann implies – of course for the benefit of his German audience – that Italy is a politically backward nation which could never serve as a model for the more enlightened Reich. When his children are puzzled and hurt by the boorishness of the ›patriots‹ on the beach, they are told: ›Diese Leute ... machten soeben etwas durch, so einen Zustand, etwas wie eine Krankheit ... nicht sehr angenehm, aber wohl notwendig.‹ The tone is obviously condescending. Later in the tale, fascism is taken far more seriously; but at this point Mann seems to appeal to his readers' conviction of German superiority. ›Mario‹ was published in 1930, at the time when the Nazis began to appear as a real menace in Germany rather than as grotesque charlatans. In Munich, where Mann had been living for many years, they were more in evidence than elsewhere. In 1930 Mann also delivered his first major attack on Nazism: ›Appell an die Vernunft.‹ The point of view of this speech has much in common with that of ›Mario‹. In both, the combination of patrician scorn for fascism with the almost incredulous realization that it must be taken seriously.

It is in the appearance and character of Cipolla that the political implications of the Novelle are most clearly brought out. Not every detail of the appearance and action of the magician should be taken allegorically; like Mario, he is a real person, and his person and costume are described with meticulous care. Again and again he has recourse to two great sources of power in carrying out his ›magic‹: the claw-handled whip and the stimulus of cognac. Force and fraud, as it were; and Mann draws our attention to these symbols with almost Wagnerian insistence. Cipolla is a mixture of apparently contradictory traits; he looks like a

›charlatan and mountebank,‹ a veritable Cagliostro; yet like the petite bourgeoisie on the beach he is completely devoid of humor. He is grotesque and ridiculous, but one does not feel like laughing at him. There is something almost fantastically old-fashioned about his dress. In the essays and speeches in which Mann warned the Germans of the implications of fascism, it was precisely its reactionary, ›old-fashioned‹ character which he stressed. Like the fascist leaders, Cipolla deliberately appears late before his audience, and he displays the striped sash of a highly dubious nobility. He goes out of his way to point out that the brother of the Duce attended one of his performances.«

> Henry C. Hatfield: Thomas Mann's ›Mario und der Zauberer‹. In: Germanic Review 21 (1946) Nr. 4. S. 307 f.

Th. Mann stimmte am 20. 4. 1947 dieser Interpretation zu:

»Dank für Ihre feine, gescheite Analyse von ›Mario und der Zauberer‹. Ich selbst habe immer noch etwas übrig für diese Geschichte. Als ich sie schrieb, glaubte ich nicht, daß Cipolla in Deutschland möglich sei. Es war eine patriotische Überschätzung meiner Nation. Schon die gereizte Art, in der die Kritik die Erzählung aufnahm, hätte mir zeigen sollen, wohin die Reise ging, und was alles auch in dem ›gebildetsten‹ Volk – gerade in ihm – möglich sein werde.
Übrigens zweifle ich heute an meinem guten Glauben. Im Grunde war die Novelle wohl eine erste Kampfhandlung gegen das, was damals schon die europäische Gesamtatmosphäre erfüllte und durch den Krieg nicht restlos aus ihr vertrieben worden ist.«

> DüD II,372.

Alle Arbeiten über »Mario und der Zauberer« nach 1945 befassen sich eingehend mit dem Faschismus. Ein Beispiel dafür ist der Aufsatz von Eugen Imhof in »Der Deutschunterricht«:

IV. Dokumente zur Wirkungsgeschichte

»Von hier aus gewinnt Cipolla einen ganz eindeutigen Aspekt. Er ist der kaltblütige, kaltherzige, gewissenlose, brutale, raffinierte Verführer der Nation, ein Charlatan mit absolut gemeinen, aber unweigerlich bannenden Methoden, deren Zweck der scheußlichste Mißbrauch einer persönlichen Macht ist. Er macht es auf die scheinbar natürlichste Weise. Er schulmeistert das Publikum. Er selbst unterliegt dem Bedürfnis der stimulierenden Wirkung von Nikotin und Alkohol. Er nennt sich mit pompösem und traditionsreichem Titel ›Cavaliere‹. Er schmückt sich mit Abzeichen. Er verachtet im Grunde die Masse, wie auch seine Tricks ›auf der niedrigen Form der Offenbarung beruhen‹. Rhetorik und Rabulistik, seelischer Zwang (›Willensentziehung und -aufnötigung‹, also Ausschaltung desjenigen Vermögens, das den Menschen erst zum Menschen macht; Entwürdigung und Entmenschlichung) und nackte Brutalität – drei Mittel der Diktatur zur Bezwingung des Volkes, um mit ihm nach reiner Willkür zu verfahren, es zu den würdelosesten und widernatürlichsten Handlungen zu nötigen, die Puppen tanzen zu lassen und dafür noch tosenden, überzeugten Beifall zu kassieren und eine willenlose Gefolgschaft zu bekommen. Das Urteil wird deutlich gesprochen: ›zweideutig unsauberer Charakter des Okkulten, Humbug und nachhelfende Mogelei‹. Widerspruch wird mit allen Mitteln ausgeschaltet: durch Lächerlichkeit, Aufstachelung des Selbstgefühls, Spiel mit der eigenen Überlegenheit, hetzerische Rhetorik – und dabei ist der instinktive Gegner Giovanotto, das ›Hänneschen‹, doch ein so sympathischer Kerl, wenn er auch von der ›Modefrisur des erweckten Vaterlandes etwas entstellt und afrikanisch angemutet‹ ist! Der Zauberer hütet sich, den vornehmeren Teil des Publikums zu belästigen (auch das ein historischer Zug des Faschismus), bis auch dieser der Massensuggestion hemmungslos unterliegt, nachdem zunächst seiner Eitelkeit geschmeichelt worden war, um ihn desto sicherer willenlos zu machen. Dann betört der Zauberer auch die Ausländer, d. h. das Ausland. Die Willensfreiheit wird dialektisch negiert (›ein Wille, der sich auf

seine Freiheit richtet, stößt ins Leere‹). Heimtückischerweise wird, genau in faschistischer Argumentation, das Herrschen als Dienen, Befehlen und Gehorchen als unauflösliche Einheit dargestellt, ›wie Volk und Führer ineinander einbegriffen seien‹. Wie unheimlich sarkastisch und verurteilend klingt jetzt der Satz: ›Er tappte seherisch umher, geleitet und getragen vom öffentlichen, geheimen Willen.‹ Man muß das politisch deuten; so wird eine geschichtliche Lektion daraus. Durch die Teilnahme und das Gebanntsein der Kinder wird das Rattenfängerische des Zauberers erst recht gemeingefährlich. So begegnen auf Schritt und Tritt Anspielungen auf den Faschismus, die in ihrer Schärfe gar nicht zu übersehen sind.
Die Frage des Widerstandes gegen den seelischen Terror wird erst am Schluß geklärt: daß nämlich gegen die Gewalt nur die Gewalt zu setzen sei. Passiver Widerstand (›die Negativität der Kampfposition‹) ist sinnlos [...].«

Jg. 4 (1952) H. 6. S. 66f.

Mit der politischen Aussage der Erzählung setzen sich vor allem Autoren aus sozialistischen Ländern auseinander. Grundlegend wurden die Arbeiten von Georg Lukács und Hans Mayer.

Georg Lukács:

»Die konkrete Aufdeckung der ideologisch-moralischen Wehrlosigkeit der besten Deutschen autoritär-tyrannischen Hypnosen gegenüber hat ebenfalls bei Thomas Mann ein dichterisches Vorspiel noch vor der Machtergreifung Hitlers. Wenn in der Novelle ›Mario und der Zauberer‹ der Herr aus Rom sich der Suggestion nicht unterwerfen will, ihr aber trotzdem nach kurzem Widerstand erliegt, deckt Thomas Mann fein und scharfsichtig auf, wo die psychisch-moralischen Gründe dieser Niederlage zu suchen sind. Der Herr aus Rom will nicht, vermag aber dem positiven Willen des Zauberers nur ein bloßes Nein entgegenzustellen, und Thomas Mann zeigt, daß die reine Negation, die reine

IV. Dokumente zur Wirkungsgeschichte

Defensive auch in der Verteidigung keine echte Widerstandskraft hat, daß der in Taten verkörperten Macht der Finsternis und des Bösen eine inhaltlich positive Kraft des Guten entgegengestellt werden muß, wenn eine Aussicht auf Erfolg bestehen soll.«

> Georg Lukács: Skizze einer Geschichte der neueren deutschen Literatur. II. Deutsche Literatur im Zeitalter des Imperialismus. 7. Faschismus und Antifaschismus. Darmstadt/Neuwied: Luchterhand, 1975. S. 224.

Hans Mayer:

»Die Erzählung ›Mario und der Zauberer‹, 1930 erschienen, ist beim ersten Zusammentreffen zwischen Werk und Leserschaft entscheidend mißverstanden worden: entweder hielt man sich an den privaten Tonfall der Erzählung, die anmutet (und anmuten soll) wie ein etwas lang geratener Brief mit Reiseberichten; oder man nahm das Werk von der psychologischen Seite, um darin, scheinbar gestützt auf den italienischen Rahmen der Novelle, eine Beziehung zum ›Tod in Venedig‹ zu erblicken. Als ein wichtiges Werk Thomas Manns wollte man die Geschichte im allgemeinen nicht anerkennen, übersah dabei jedoch einmal mehr, daß der Rhythmus seiner großen Romane vom Dichter immer wieder durch die Parallelordnung kleinerer Gebilde gestützt und unterstrichen wird. Das mag nicht immer gelingen: der ›Zauberberg‹ zum Beispiel war einer solchen Absicht schließlich und gründlich entwachsen, nicht anders später das Buch ›Lotte in Weimar‹. Die italienische Novelle dagegen gehörte in die Gesamtarchitektur des kunstvoll aufgebauten Lebenswerkes. Seit aber die Josephsgeschichte vollendet wurde, seit Thomas Manns Weg zu Goethe entscheidende Etappen erreichte, das Thema Wagner und Nietzsche im Lichte individueller und gesellschaftlicher Erfahrung neu überprüft werden mußte, erhält plötzlich auch die Geschichte vom Kellner Mario, vom Herrn aus Rom und vom Seelenverführer Cipolla eine ganz neue Belichtung. [...]

Die Novelle ist in Thomas Manns literarischer Entwicklung zwischen der großen Bilanz des ›Zauberberg‹ von 1924 und dem Erscheinen des ersten Bandes der Josephsgeschichte (1933) angesiedelt. Unschwer sind durchlaufende Lebensmotive und Themen wiederzufinden. Im Kern behandelt ›Mario und der Zauberer‹ abermals ein Thema des verwirrten Gefühls. Der Konflikt zwischen Leib und Seele hat niemals aufgehört, Thomas Mann zutiefst zu beschäftigen. Wo der Körper seine eigenen Wege geht und alle seelische Haltung, alle Bewußtseinsklammern zerbricht, spürt Thomas Mann immer wieder eine der heikelsten Situationen menschlicher Natur. In solchen Augenblicken erweist sich das geistige Sein, erweisen sich Sitte und Sittlichkeit als schwer bedroht, als kostbare, daher teuer zu hütende Errungenschaften menschlicher Entwicklung. Thomas Buddenbrook war durch den Körper noch im Todeskampf schrecklich genarrt worden. Er starb nicht, wie er nach Haltung und Bewußtsein hatte leben wollen. Ähnlich erging es nach ihm dem Schriftsteller Gustav von Aschenbach. Verwirrung der Gefühle, Aufstand des Körpers gegen den Geist, das war ein Romantikerthema. Der Ausdruck stammte von Kleist. Gefühlswirrnis war eigentlich das ausschließliche Thema des ›preußischen Dichters‹ gewesen. In der Welt der Marionetten glaubte er allein die Sicherheit zu finden gegen Überraschungen menschlicher Leiblichkeit. [...]
Der Herr Cipolla blendet die Geister und verwirrt die Gefühle. Er ist ein Verzauberer, aber er ist vor allem auch ein *Faschist*. In kunstvoller Verknüpfung vermag Thomas Mann abermals die Beziehung herzustellen zwischen dem Umkreis des Geschehens, der Geschichte an sich und ihrer symbolhaltigen Deutung. Schon in der Geschichte Gustav von Aschenbachs war Venedig bereits viel mehr gewesen als ein äußerlicher Rahmen; der verzauberte Berg gehörte genau so notwendig in die Geschichte Hans Castorps, wie dieser mittlere Held in die Geschichte der untergehenden und verzauberten Welt gehörte. Genau so haben alle die mißlichen und unerquicklichen ›Sommererlebnisse‹ der Familie

IV. Dokumente zur Wirkungsgeschichte

Thomas Mann insgeheim mit der Tatsache zu tun, daß sie sich im faschistischen Italien ereignen. Die Affäre des Herrn Cipolla gehört in einen umfangreichen Erlebnisbereich. Schon die Witterung zeigt an, daß Unbehagen und Unordnung im Spiele sind. Nicht einmal das Erlebnis des Meeres vermag Befreiung zu bringen, da die gesellschaftliche Atmosphäre sogar den Genuß der Natur zu vergiften vermag. Alles ist unecht, unnatürlich vom ersten Augenblick an: die Kriecherei der Hotelverwaltung, die krampfige und törichte Römertugend der faschistischen Nutznießer am Badestrand, die Spitzelei und Feigheit der Behörden. Das abscheuliche Treiben des Hypnotiseurs gehört organisch in diesen Rahmen einer unorganisch lebenden Umwelt. Unbestechlich hat Thomas Mann 1930 bereits diese Zusammenhänge mit deutlichen Akzenten der Warnung aufgedeckt. Die Regierung Mussolinis wußte, warum sie die Novelle sogleich nach dem Erscheinen auf den Index setzte.

Bezeichnend ist aber auch die Reaktion der Unterworfenen, die ein solches Spiel mit sich treiben lassen. Die Kinder zwar sehen in allem nur das Theater und Spektakel. Sie nehmen nicht ernst, was eigentlich in seiner Unnatürlichkeit und Unechtheit, in seiner Unmenschlichkeit auch gar nicht ernst genommen werden darf. Anders die Erwachsenen. Sie müßten eigentlich pfeifen, das Schauspiel als solches ablehnen, dem Spuk im Namen ihrer geistigen Selbständigkeit ein Ende machen. Das tun sie keineswegs. Sie spielen mit – als Opfer, die es sein wollen. Freiwillig vollziehen sie die Abdankung des Willens: den Erzähler Thomas Mann mit eingeschlossen. Warum erhebt er sich eigentlich nicht, den Saal zu verlassen, als nur allzu klar geworden ist, was hier gespielt wird? Das fragt er sich selbst; aber er bleibt sitzen. Seine Neugierde grenzt schon an Verfallensein und Schwächung des Willens. Er bleibt auch hier mitten im faschistischen Spuk, ganz wie er vorher bereits trotz aller peinlichen Erlebnisse in diesem Badeort, diesem Lande geblieben war. Sein Verhalten im Theatersaal stimmt zusammen mit diesem ganzen Vorgang eines halben Mitmachens, das er die ganze

Zeit beibehält. Was nützt es ihm also, wenn er den Spuk beobachtet und analysiert, solange er nichts tut, ihn aus dem eigenen Lebenskreis dadurch auszusperren, daß er aufsteht und nicht mehr mitmacht!

Es zeigt sich nämlich, daß man nicht *halb* dem Zauberer zu widerstehen vermag. Hier gibt es nur ganzen Widerstand oder ganze Preisgabe. Das zeigt sich am Beispiel des ›Herrn aus Rom‹. Er gehört offenbar der bürgerlichen Klasse an, will aber dem Zauberer, also dem Faschismus, ein Nein entgegensetzen. Unter dem Willen des schmierigen Magiers will er nicht tanzen. Aber es genügt nicht, daß man den fremden Willen ablehnt, solange man ihm keinen eigenen positiven Willen entgegenzusetzen hat. Die Freiheit des Nichtwollens bleibt leer und abstrakt, wenn sie sich nicht mit realen Inhalten verbunden weiß. An der ›Negativität‹ seiner Kampfposition scheitert schließlich der bürgerliche Antifaschismus. Er tanzt, nach kurzem Widerstreben, endlich doch im Takt der Reitpeitsche. Das ist ein neuer Blick Thomas Manns auf die politische und gesellschaftliche Rolle des Bürgertums. Gar nicht zu erwähnen braucht man die sogenannten Oberschichten im Publikum des Theatersaales. Da gibt es natürlich die ›gute Gesellschaft‹ des faschistischen Regimes. Neben ihnen aber sitzen die wohlhabenden Badegäste aus dem Auslande, die englisch und französisch sprechen. Keiner von ihnen denkt daran, dem Seelenverführer Einhalt zu gebieten. Sie machen mit, sie tanzen in Wollust und Hingabe, drängen sich sogar, wie jene englische Dame, nahezu ungerufen in den Kreis der Verzauberung. Auch die Frauen des Volkes sind besonders anfällig. Willenlos folgt die brave Frau Sofronia dem Gebot des entsetzlichen ›Führers‹: die armen Rufe des Gatten verhallen ungehört. Cipolla nämlich ist ein Inbegriff. Dem Erzähler Thomas Mann erscheint er als die ›Personifikation von all dem‹, von allem, was ihm bis dahin in diesem Italien widerfuhr.

Den schwierigsten Stand aber hat der Magier mit dem Volk, mit den Fischern, Knechten und Dienern der Badegäste, die den Hintergrund des Saales erfüllen. Da ist der kräftige,

schöne, allerdings auch primitive Junge, der immer wieder aufsässig wird, immer wieder für kurze Augenblicke durch die Hypnose und Reitpeitsche zur Ruhe gebracht wird, der sich auf Geheiß des Theaterdirektors in Darmkoliken krümmt und damit an jene Rizinusfoltern erinnert, wie sie Mussolinis Polizei in solchen Fällen der Resistenz anzuwenden pflegte. Die totale Verzauberung gelingt ihm gegenüber aber nicht. Herr Cipolla sieht sich immer wieder veranlaßt, gegen ihn ›einzuschreiten‹. Der körperlich schwächere, aber tiefere und echtere Mario dagegen, der kleine Kellner in seiner Natürlichkeit, Freund der Kinder, bereitet schließlich dem ekelhaften Schauspiel ein hartes aber gründliches Ende. Auch er wird in Willen und Gefühl verstört, aber er erwacht schließlich. Der Zauberer muß ihn erwecken. Die Rache des verwirrten Gefühls, der unterjochten Menschlichkeit ist gründlich und jäh. Der kleine Revolver Marios genügt, um Zauber und Zauberer hinwegzuräumen. Die Negativität des bloßen Nichtwollens hatte nicht genügt. Es mußte gründlicher Schluß gemacht werden. Der Erzähler findet das durchaus in der Ordnung. Mit dem toten Faschisten hat er kein Mitleid. Schließlich war das doch ein befreiendes Ende.
Hier hat ein Dichter im Schicksal des Zauberers Cipolla das Ende eines Systems und das Ende jenes anderen ›Zauberers‹ vorausgeschaltet, der dann im April 1945 gleichfalls unter den Kugeln italienischer Männer sein Ende finden sollte: ein ›fatales‹, aber befreiendes Ende.
Dies alles ist 1930 kaum beachtet worden. Man nahm die Geschichte abermals psychologisch und literarisch. Wiederum waren die entscheidenden Gedanken Thomas Manns unbeachtet geblieben. Aber warum hätten die bürgerlichen Leser des Dichters in Deutschland damals anders handeln sollen als das bürgerliche Publikum des Zauberers im Theatersaal des kleinen italienischen Badeortes?
Für Thomas Mann selbst war der politische und pädagogische Charakter seiner Erzählung nicht im mindesten zweifelhaft. In seiner Rede vor Münchener Studenten über ›Reaktion und Fortschritt‹, die am 16. Mai 1929 gehalten

wurde, also während der Arbeit an der Marionovelle, steht als Warnung für die deutsche Jugend der folgende Satz: ›Das niederschlagende Schauspiel ist uns nicht mehr ungewohnt, daß junge Körper greisenhafte Ideen tragen, sie in keckem Geschwindschritt, Jugendlieder auf den Lippen, den Arm zum römischen Gruß erhoben, dahertragen und den schönen Schwung ihrer Seele daran verschwenden. Es muß die Verwirrung steigern, wenn Jugend dem Alten und vor Alter Bösen ihre biologische Liebenswürdigkeit leiht. Aber es ist nur eine Verwirrung des Augenscheins, ein unbeständiges Trugbild.‹ Das umreißt abermals die Thematik der Novelle. Der Faschismus ist greisenhaft und böse, in jeglicher Gestalt. Das italienische Beispiel wird hier den deutschen Zuhörern vorgehalten. Der Hypnotiseur Cipolla bleibt häßlich, verkrüppelt und böse, auch wenn ihm in verwirrtem Gefühl und entleertem Willen lebendige und gesunde junge Menschen huldigend erliegen. Er mag sie vorübergehend zwingen, ihm zu Willen zu sein. Sie mögen in ihrer Verwirrung seine Häßlichkeit und Bosheit als Schönheit, Jugend und Gesundheit erleben. Aber die Zauber vermögen nicht zu dauern. Reaktion bleibt böse und häßlich, und die jungen Menschen werden schließlich darüber hinwegschreiten. Das Ende Cipollas sollte der deutschen Jugend eine Warnung sein. Sie wurde nicht gehört.«

> Hans Mayer: Thomas Mann. Werk und Entwicklung. Berlin: Verlag Volk und Welt, 1950. S. 183 bis 193. © 1980 Suhrkamp Verlag, Frankfurt a. M.

Bemerkenswert für die Wirkungsgeschichte ist die Tendenz zahlreicher Autoren aus der DDR, die Erzählung in ideologiegebundener Blindheit und in Verkennung des übereinstimmenden Diktaturcharakters von Faschismus und Kommunismus zur Kritik an der Bundesrepublik Deutschland und an der demokratischen Gesellschaft zu nützen.
In seinem Aufsatz »Der Gedanke des antifaschistischen Widerstandes bei Thomas Mann« stellt Manfred Haiduk zum Beispiel fest, daß die deutsche Literaturkritik nach dem

IV. Dokumente zur Wirkungsgeschichte

Erscheinen der Novelle im Gegensatz zu Italien oder auch zur Schweiz bezeichnenderweise den aktuellen politischen Hintergrund nicht beachtet und erkannt habe. Zum einen führt er dies darauf zurück, daß Th. Mann zwar den Faschismus gemeint, ihn aber nicht ausdrücklich genannt hat. Den zweiten und entscheidenden Grund jedoch sieht er in der damaligen »Herrschaft des Irrationalismus« in Deutschland, die bewirkte, »daß Dichtung weniger als soziale Erscheinung, sondern vielmehr als bloße individuelle Leistung betrachtet, infolgedessen auch die politisch-gesellschaftliche Grundlage einer Dichtung eliminiert wurde«. Eine »erschreckende Parallele« zu den Verhältnissen in der Erzählung findet Haiduk im »Vergleich mit der heutigen Entwicklung in Westdeutschland«. An der Person Cipollas erscheint ihm bezeichnend, daß dieser gar nicht selbst Mitglied der faschistischen Partei sein müsse, jedoch in Charakter und äußerem Erscheinungsbild »wesentliche Züge und Merkmale des Faschismus und der faschistischen Führer« vereine. Die Art, wie er dem Publikum seinen Willen aufnötigt, zeige die »gleichnishafte Darstellung der faschistischen Praxis«.

Auch Harry Matter geht von der These aus, die zeitgenössische Kritik habe nicht erkannt, daß es sich bei dieser Novelle um das »erste *politische* Werk« Th. Manns gehandelt hat. Er sieht in Cipolla ebenfalls eine Darstellung faschistischen Wesens, ja geradezu »die Verkörperung dieses Ungeistes und gewissermaßen auch eine Vorwegnahme des späteren Reichspropagandaministers Goebbels. Seine Methode basiert auf der Brechung des aktiven Widerstandes; er schafft erst eine geistige Leere, die Willenlosigkeit. Nun ist es für ihn keine große Schwierigkeit mehr, anderen den eigenen Willen aufzuzwingen. Es gilt, erst Verwirrung unter den Geistern zu stiften, sie zu täuschen und die Wasser zu trüben. Das ist Cipollas Methode – das ist die Methode des Faschismus.« Wichtig ist auch für Matter die Dekadenz des Bürgertums und seine Ohnmacht gegenüber den faschistischen Machtansprüchen. Das Bürgertum im Parkett ist gegenüber den Einflüssen des Zauberers weit anfälliger als das einfache Volk auf der Galerie, welches Widerstand bietet und schließlich für die »erlösende Befreiung« sorgt. Seiner Ansicht nach wird Th. Mann durch diese Novelle »nicht nur zum Bewahrer der geistigen Werte bürgerlicher Tradition, er geht bis zur äußersten Grenze, die seine bürgerliche Haltung zuläßt«.

R. Schmidt betont ebenfalls, »daß das Bürgertum in der imperialistischen Gesellschaft nicht mehr in der Lage ist, die Kräfte des Faschismus zum Erliegen zu bringen oder zu vernichten, da es keinen ausreichenden ›Lebensinhalt‹ besitzt«. Mario gehört für Schmidt zum »Halbproletariat, zu den plebejischen Schichten«. Er bemängelt, daß Th. Mann »das Wesen der revolutionären Arbeiterklasse und ihrer Kampfpartei noch nicht begreift, sondern lediglich Vertreter der Arbeiterklasse kennt, die der SPD nahestehen oder ihr angehören«.

Eberhard Hilscher sieht einen »deutlichen Trennungsstrich« zwischen der faschistischen Oberschicht und dem einfachen Volk. In dem Schluß der Novelle vermeint er zu erkennen, daß Th. Mann »schon 1930 unbewußt das gewaltsame Ende des Faschismus vorausgesagt« hat, wobei dies hier durch die »anarchistisch-einzelgängerische« Tat Marios versinnbildlicht wird. Mit seiner Neigung zum »Unbescheidensein, Verzaubern, Herrschenwollen« ist Cipolla für Hilscher die Darstellung einer »Karikatur echten Künstlertums«.

V. Texte zur Diskussion

1. Äußerungen Thomas Manns

Th. Mann hat zum Faschismus und Nationalsozialismus in zahlreichen Reden und Aufsätzen Stellung genommen. Im folgenden einige Beispiele.
Auf eine Rundfrage der Stockholmer Tageszeitung »Dagens Nyheter« antwortete Th. Mann 1928:

Neujahrswunsch an die Menschheit

Einen Wunsch an die Menschheit, das heißt an die heutige menschliche Gesellschaft, zum neuen Jahr? Und nur einen hat man frei, da doch vieles zu wünschen wäre? Da heißt es konzentriert und im großen wünschen, um womöglich mit einem Wunsch alles Wünschbare auf einmal zu treffen. Nehmen wir uns zusammen!
Klugheit – ich glaube, das ist es. Nie, glaube ich, war sie dem Menschen – und zumal dem europäischen – notwendiger zu seinem Heil als heute. Und wenn man mich aufforderte, die Klugheit, die ich meine, näher zu bestimmen, so weiß ich es nicht besser zu tun, als indem ich sie Geistwilligkeit nenne – aus erhaltendem Sinn.
Es gibt heute *nur einen* Konservatismus, der seinen Namen verdient. Es ist derjenige, der unsere Zivilisation vor dem Untergang zu bewahren, sie zu ›erhalten‹ wünscht gegen Katastrophen, die ihr drohen und die ihrer Vernichtung gleichkommen würden. Daß sie ihr drohen, sollte glaubhaft gemacht worden sein durch diejenigen, die sie bereits getroffen haben, die aber nur das Vorspiel eines Aufräumens sondergleichen werden gewesen sein, wenn die menschliche Gesellschaft, und namentlich die europäische, vermeinen sollte, mit jenen Zwischenfällen, die sie heimgesucht und von denen sich ziemlich rasch zu erholen sie das behagliche Gefühl hat, sei es getan und sie könne sich in betreff der Zukunft einem Optimismus überlassen, der ihr jede Dumm-

heit, jede Dickfälligkeit und Rückfälligkeit, jeden tölpelhaften Übermut und jedes alberne Spiel mit dem Feuer gestatte. Dieser in weiten Kreisen der Menschheit verbreitete Optimismus ist vollkommen fehlerhaft, und zwar aus folgendem Grunde.

Zu allen Zeiten liegt zwischen der Wirklichkeit, der Materie, dem Zustande, in dem die große Mehrzahl der Menschen noch beharrt, aus dem sie sich zögernd in neue Zustände hinüberwandelt, und dem Geiste, dem eigentlich von den Spitzen der Menschheit schon erreichten Erkenntnisstande eine beträchtliche Distanz. Die Materie ist zäh, schwerfällig, mißtrauisch, gezwungenermaßen langsam und vorsichtig, durch sich selbst gehemmt, der Geist beschwingt und behende, leidenschaftlich, ungeduldig, zum Überdruß geneigt: oft ist es vorgekommen, daß er mit einer neuen Idee schon ›fertig‹ und zu Neuem und Übernächstem vorzustoßen mindestens versucht war, bevor die Materie ihn im entferntesten eingeholt und sich nach dem Erkenntnisstande einzurichten begonnen hatte, den wieder zu verlassen ihn bereits gelüstete; ja, all seine Moral, seine Selbstzucht, seine Sozialität, seine Güte besteht eigentlich darin, sich nicht an Ideen zu langweilen, bevor sie verwirklicht sind. Denn eine Wirklichkeit, welche jeder Fühlung mit dem Geist verlustig gegangen wäre, eine geist- und gottverlassene, heillos zurückgebliebene Wirklichkeit, deren Zustände zu dem ›eigentlich‹, das heißt geistig erreichten Erkenntnisstande ein allzu krasses Mißverhältnis aufwiesen, wäre *gefährdet* – wir drücken uns kühl und gelassen aus, ihr drohte Unheil, sie wäre gewissen naturgesetzlich-dynamischen Wirkungen ausgesetzt, die das Erzeugnis übertriebener und ungesunder Spannungsverhältnisse sind.

Nie nun, so will uns scheinen, war der Abstand zwischen Materie und Geist, die Spannung zwischen dem, was im Wirklichen noch für möglich gehalten wird, und dem ›eigentlichen‹ geistigen Erkenntnisstande der Menschheit so skandalös, gefährlich, krankhaft, verhängnisgeladen wie heute – und zwar ohne daß die große Masse der Menschheit

1. Äußerungen Thomas Manns

sich dessen im entferntesten bewußt wäre. Sie glaubt sich von peinlichen Zwischenfällen zu erholen und zu ›restaurieren‹, von denen sie offenbar rein akzidentiellerweise betroffen worden, und ergeht sich in Dummheiten, die einen intelligenten Hund zum Heulen bringen könnten, ohne sich von den Katastrophen auch nur träumen zu lassen, die ihr gewiß sind, wenn sie nicht, statt abgestandene Allotria zu treiben, allen Ernst und alle Eile daransetzt, den Geist einzuholen und die Zustände ihrer Wirklichkeit seinen Erkenntnissen und Forderungen leidlich anzupassen. Dies ist es, was ›Klugheit‹, was Geistwilligkeit aus erhaltendem Sinn genannt wurde. Vorbauende, auf Anpassung und rechtzeitiges Zugeständnis bedachte Geistfreundlichkeit ist das einzige, was die Zivilisation vor dem Untergang zu retten vermag, und jeder konservativ Gestimmte, das heißt jeder, der nicht die Katastrophe will, sondern Vernunft, Folge und Fortschritt, muß heute – weit entfernt, die Renitenz der Dummheit zu ermutigen – ein gut Teil revolutionären Willens in sich aufnehmen, *muß weitgehend das noch Bestehende, aber Überholte verneinen und lieber den Vorwurf des Radikalismus tragen, als den unheilschwangeren Zwiespalt zwischen Wirklichkeit und Geist vertiefen helfen.*

GW X, 896–898.

Am 13. 9. 1930 hielt Th. Mann auf der Regionalkonferenz Europa–Afrika des Rotary-Clubs in Den Haag eine Rede über die geistige Situation des Schriftstellers in unserer Zeit, darin führte er u. a. aus:

»Wir machen eine Rechtsschwenkung, auch von dort kommt Feuer, und was für welches! Es ist sogar ärger und tückischer als das von links, wie uns scheinen will. Es gibt da, meine Herren – ich rede aus deutscher Erfahrung, aber ich glaube, es ist ungefähr dasselbe überall – es gibt da eine verdächtige Frömmelei, deren abgeschmackte und reaktionäre Antithese diejenige von Seele und Geist, von Gemüt und Verstand, von Dichtertum und Schriftstellertum ist und die mit diesem Gegensatz die Kunst, die Literatur kritisch zu tyrannisieren bemüht ist. Sie lebt von einer rückschlägigen Bewegung, die in der ganzen Welt, am besten vielleicht aber in Deutschland zu Hause ist und die man eine naturkonservative Bewegung nennen kann: dem Rückschlage gegen den Intellektualismus, den nachtvergessenen Tages- und Verstandeskult abgelaufener Jahrzehnte, gegen das zugleich mechanistische und ideologische Weltbild, gegen den zugleich generösen und seichten Fortschrittsglauben einer versinkenden oder versunkenen Epoche. Ich sage: gegen dies absterbende Weltbild ist überall eine vitalistisch-irrationale, eine lebensgläubige, ja lebensmystische Gegenbewegung an der Tagesordnung: in charakteristischen Abschattungen und Formen spielt diese Richtigstellung der Weltkonzeption und Lebensforschung, diese neue ›Rückkehr zur Natur‹ bei allen Völkern. Aber am radikalsten, doktrinär-rücksichtslosesten gibt wohl der deutsche Gedanke sich ihr hin; man kann sagen, daß er den Gegensatz von Geist und Leben, von Intellekt und Seele, die Apologie des Nächtig-Unbewußten, des Schicksals, der Notwendigkeit und die Verfemung des wollenden Geistes auf eine scholastisch-überwitzige Spitze treibt, die vielleicht zu – geistreich ist, um noch natürlich zu heißen.

Man muß die Berechtigung, die Notwendigkeit dieses allgemeinen Rückschlages anerkennen, auch wenn man wohl fühlt, daß die romantische Vermaledeiung der Großhirnentwicklung einer Weltlage nicht durchaus gerecht wird, die nicht so einfach und gänzlich auf jenem notwendigen Rückschlage beruht, nicht einfach durch den Entschluß zur Einkehr ins Unbewußte gekennzeichnet wird. Es ist ja so, daß die Bewegung von Geistfeindlichkeit und Gegenaufklärung, deren Zeugen wir sind, durchkreuzt, nein: ergänzt wird von Tendenzen eines neuen Geistglaubens und menschlich-universalistischen Vernunftwillens, eines politischen Utopismus mit einem Wort, der geradezu ein Verwandtschaftsverhältnis des zwanzigsten zum achtzehnten Jahrhundert herstellt und von dem man wünschen möchte, daß er der Aufmerksamkeit unserer Lebenslehrer nicht so ganz entginge.

1. Äußerungen Thomas Manns

Man lauscht ihnen also mit einer Art von gebändigtem Verständnis. Sie haben recht, in notwendiger Einseitigkeit. Wer aber nicht recht hat, wer einfach Unfug treibt und gegen wen man sich zur Wehr setzen muß, das sind ihre Lehrlinge und journalistischen Affen, ihre tendenziösen Nachbeter und Nachtreter, es sind ihre schlecht und recht reaktionären Nutznießer, die bei der Verkündigung einer geistfeindlichen Philosophie Morgenluft wittern. Sie wollen uns auf die Seele, das ›Dichterische‹, die ›reine Anschauung‹, das Gemüt, die apolitische Einfalt festlegen und heißen uns, wenn wir der Vernunft, dem Frieden, der Einheit Europas zugunsten reden, seichte Intellektualisten. Wir finden das ekelhaft. Wir sehen die Idee der Kunst, des ›Lebens‹, des Triebhaften, der willenlosen Anschauung, auch des heroischen Pessimismus und jener Goethe'schen Religiosität, die im Unendlichen dasselbe sich wiederholend ewig fließen sieht und es zur ewigen Ruh' in Gott[1] zusammenfaßt, – wir sehen das alles heute in den Händen von bösartigen Spießbürgern und Militaristen, die, wenn sie ›Seele‹ sagen, den Gaskrieg meinen und tief verärgert sind, wenn wir ihnen nicht auf den Leim dieser Verwechslung gehen. Wir wollen von dem Unfug dieses philisterhaften Lebenstiefsinnes und dieser falschen Heldenfrömmigkeit nichts wissen. Wir haben uns unserer Haut gewehrt gegen den Andrang eines sozialistischen Aktivismus, im Glauben an die Kunst. Wir sind Sozialisten in dem Augenblick, wo der Ästhetizismus der Dummheit und Schlechtigkeit uns für seine Sache in Anspruch nehmen möchte. Wir sind Dichter, das heißt Menschen des Abenteuers und sinnlichen Traumes – es mag sein. Aber wir schwören zum Geiste, wenn die Seele, in Unehre geraten, der Menschheit Schande zu machen droht, und wenn die Stunde uns aufruft, setzen wir unser Wort ein für Ziele einer anständigen Rationalität.«

GW X,302–304.

---

[1] Anspielung auf Goethes Gedicht »Wenn im Unendlichen« mit den beiden Schlußzeilen: »Und alles Drängen, alles Ringen / Ist ewige Ruh' in Gott dem Herrn.«

Aus einer Rede anläßlich der 400-Jahr-Feier des Katharineums zu Lübeck am 7. 9. 1931 [Ansprache an die Jugend]:

»Noch einmal: Europa und seine seelischen Grundgesetze sind älter und dauernder als die Bürgerwelt, und wenn man von der Altersschwäche der Ideen des neunzehnten Jahrhunderts spricht, so soll man sich hüten, das Kind mit dem Bade auszuschütten, und nicht vergessen, wie viel Überzeitliches, Unveräußerliches und ganz einfach Menschenanständiges mit diesen Ideen verbunden ist.
Zeiten der geistigen und sozialen Umschichtung, wie die unsrige, neigen zu solchen Verwechslungen, zu einem Pseudo-Radikalismus, der die Vertauschung des Revolutionären mit dem Reaktionären begünstigt und natürlich vor allem für die Jugend eine Gefahr bildet. Gewisse Errungenschaften der Menschheit sind, einmal gemacht, nicht rückgängig zu machen, es sei denn, man entschließe sich, in einem Zustande der Unwahrheit und der gewaltsamen Verleugnung innerer Realitäten zu leben, was überhaupt kein Leben oder ein närrisches Leben ist. Man kann, sage ich, hinter solche Erwerbungen nicht zurück, oder kann es doch nur, um unnatürlicherweise einen schon durchlebten Geschichtsabschnitt wiederholen und die verworfenen Güter wiedererwerben zu müssen. So ist es mit den Errungenschaften der Persönlichkeit, der Freiheit. Dem vielberufenen Individualismus und Liberalismus des neunzehnten Jahrhunderts setzt unsere Epoche die tiefe, fruchtbare und zaubervolle Idee der Gemeinschaft entgegen. Niemand leugnet, daß heute dem Kollektiven vor der Vereinzelung ein neues Lebensrecht und neuer Lebensreiz zukommt, – jeder hat teil an der seelischen Tatsache. Glaubt man aber im Ernst, es könnte darum je in Europa – und gar im protestantischen Europa – es könnte je in Kunst und Leben des Abendlandes Wert, Reiz und Recht der weltunmittelbaren Persönlichkeit völlig zunichte werden; dieser Wert, dies Recht, das mit ihm geboren und aus ihm wiedergeboren wurde und das schleunigst zum drittenmal geboren werden

müßte, wenn es abhanden käme? Im Führergedanken bringt denn ja auch der jugendliche Kollektivismus die Persönlichkeitsidee wieder hervor, und aufblickende, gefolgschaftsbereite Jugend ist sicher ein schönes Bild. Möge sie sich den Führer nur ansehen und nicht aufhören, die Bequemlichkeit zu verachten, die sich der Selbstverantwortung entschlägt! Strammstehen und Zu-Befehl-Stehen unter begeistertem Verzicht auf eignes Denken wäre zum mindesten nicht neu. Wir haben genug davon gehabt.
Der modische Hohn auf die Freiheit ist Massenunfug, von dem eine Jugend, die sich als Elite fühlt, kritischen Abstand nehmen sollte. Und eben diesen Abstand sollte sie nehmen von dem Ideenhaß der Zeit überhaupt, der nur schlecht seinen Charakter als Kultursabotage, sein heimliches Liebäugeln mit der Barbarei zu verbergen weiß. [...]
Die Abneigung unserer Zeit vom Abstrakten und Ideologischen, ihre Hinwendung zum Dinghaft-Wirklichen, zu Land, Volk und Erde enthält viel redlich Berechtigtes; ein neuer religiöser Bund des Menschen mit der Erde kann sich darin ausdrücken. Wo aber diese Tendenz in eitle Brutalität, in eine boshafte Zoologisierung des Menschen als des Raubtiers mit der Greifhand ausartet und dabei auch noch für denkerische Tapferkeit gelten möchte – da beginnt der Unfug, vielmehr, da ist er schon weit vorgeschritten. Man hat leicht sagen, daß etwa Recht und Gerechtigkeit immer nur Ergebnis, Ausdruck und Mittel der Macht gewesen seien. Der Mensch hat nie angefangen und nie aufgehört, aus den Antinomien[2] seines geistig-fleischlichen Doppelwesens das Absolute, die Idee, zu visieren. Ihm diesen Aufblick nehmen wollen, heißt ihn zurückführen wollen auf eine Stufe, wo er noch nicht Geist, sondern nur Natur war. Aber eine solche Stufe hat es nie gegeben. Seitdem der Mensch ist, hat er am Geiste teilgehabt, und wenn er ›Kultur‹ sagt, so meint er nicht irgendwelche pflanzlichen Ausprägungen des Natürlichen, sondern Verwirklichungen des Geistes. –

2 Widerspruch zweier gültiger Sätze.

Nein, es ist nicht alles ›bürgerliche Ideologie‹, was man heute mit dem Bade des neunzehnten Jahrhunderts auszuschütten bereit ist. Da ist der Friedensgedanke, von dem viele meinen, durch ihn käme die Rüstigkeit aus der Welt, und der also bei den Rüstigen oder solchen, die es sein möchten, in einem schlechten und faden Geruche steht. Viele Menschen, auch junge Menschen, verbinden mit dem Namen des Pazifisten die Vorstellung seelischen Vegetariertums, eines seichten Idealismus und Rationalismus ohne jede vitale Tiefe; und da der moderne Intellektuelle nichts ängstlicher scheut als den Vorwurf mangelnder Vitalität, so besitzt diese Auffassung auch unter geistigen Menschen zahlreiche Anhänger.
Sie ist vollkommen und ausgemacht falsch. Der europäische Friedensgedanke hat gar nichts zu tun mit bürgerlicher Glücksphilanthropie. Er ist keine Sache geistiger Vergangenheit, sondern ganz und gar eine solche realer, gegenwärtiger Lebensnotwendigkeit und konstruktiven Willens zur Zukunft, eine durch und durch männliche Angelegenheit, – wir wollen uns darüber von heroischen Schwätzern nicht täuschen lassen.«

GW X,324–327.

1939 publizierte Th. Mann in der Pariser Zeitschrift »Das Neue Tagebuch« folgenden Essay:

Bruder Hitler

Ohne die entsetzlichen Opfer, welche unausgesetzt dem fatalen Seelenleben dieses Menschen fallen, ohne die umfassenden moralischen Verwüstungen, die davon ausgehen, fiele es leichter, zu gestehen, daß man sein Lebensphänomen fesselnd findet. Man kann nicht umhin, das zu tun; niemand ist der Beschäftigung mit seiner trüben Figur überhoben – das liegt in der grob effektvollen und verstärkenden (amplifizierenden) Natur der Politik, des Handwerks also, das er nun einmal gewählt hat, – man weiß, wie sehr nur eben in Ermangelung der Fähigkeit zu irgendeinem anderen. Desto schlimmer für uns, desto beschämender für das hilflose Europa von heute, das er fasziniert, worin er den Mann des Schicksals, den Allbezwinger spielen darf, und dank einer Verkettung phantastisch glücklicher – das heißt unglückseliger – Umstände, da zufällig kein Wasser fließt, das nicht seine Mühlen triebe, von einem Siege über das Nichts, über die vollendete Widerstandslosigkeit zum andern getragen wird.

Dies auch nur zuzugeben, die bloßen leidigen Tatsachen anzuerkennen, kommt schon moralischer Kasteiung nahe. Es gehört Selbstbezwingung dazu, die noch obendrein fürchten muß, unmoralisch zu sein, da sie den Haß zu kurz kommen läßt, der hier von jedem gefordert ist, dem das Schicksal der Gesittung auf irgendeine Weise auf das Gewissen gelegt ist. Haß – ich darf mir sagen, daß ich es daran nicht fehlen lasse. Redlich wünsche ich diesem öffentlichen Vorkommnis einen Untergang in Schanden, – einen so baldigen, wie er bei seiner erprobten Vorsicht kaum zu erhoffen ist. Dennoch fühle ich, daß es nicht meine besten Stunden sind, in denen ich das arme, wenn auch verhängnisvolle Geschöpf hasse. Glücklicher, angemessener wollen jene mir scheinen, in denen das Bedürfnis nach Freiheit, nach ungebundener Anschauung, mit einem Wort nach Ironie, die ich seit so langem schon als das Heimat-Element aller geistigen Kunst und Produktivität zu verstehen gelernt habe, über den Haß den Sieg davonträgt. Liebe und Haß sind große Affekte; aber eben als Affekt unterschätzt man gewöhnlich jenes Verhalten, in dem beide sich aufs eigentümlichste vereinen, nämlich das Interesse. Man unterschätzt damit zugleich seine Moralität. Es ist mit dem Interesse ein selbstdisziplinierter Trieb, es sind humoristisch-asketische Ansätze zum Wiedererkennen, zur Identifikation, zum Solidaritätsbekenntnis verbunden, die ich dem Haß als moralisch überlegen empfinde.

Der Bursche ist eine Katastrophe; das ist kein Grund, ihn als Charakter und Schicksal nicht interessant zu finden. Wie die Umstände es fügen, daß das unergründliche Ressentiment, die tief schwärende Rachsucht des Untauglichen, Unmöglichen, zehnfach Gescheiterten, des extrem faulen, zu keiner Arbeit fähigen Dauer-Asylisten und abgewiesenen Viertelskünstlers, des ganz und gar Schlechtweggekommenen sich mit den (viel weniger berechtigten) Minderwertigkeitsgefühlen eines geschlagenen Volkes verbindet, welches mit seiner Niederlage das Rechte nicht anzufangen weiß und nur auf die Wiederherstellung seiner ›Ehre‹ sinnt; wie er, der nichts gelernt hat, aus vagem und störrischem Hochmut nie etwas hat lernen wollen, der auch rein technisch und physisch nichts kann, was Männer können, kein Pferd reiten, kein Automobil oder Flugzeug lenken, nicht einmal ein Kind zeugen, das eine ausbildet, was not tut, um jene Verbindung herzustellen: eine unsäglich inferiore, aber massenwirksame Beredsamkeit, dies platt hysterisch und komödiantisch geartete Werkzeug, womit er in der Wunde des Volkes wühlt, es durch die Verkündigung seiner beleidigten Größe rührt, es mit Verheißungen betäubt und aus dem nationalen Gemütsleiden das Vehikel seiner Größe, seines Aufstiegs zu traumhaften Höhen, zu unumschränkter Macht, zu ungeheuren Genugtuungen und Über-Genugtuungen macht, – zu solcher Glorie und schrecklichen Heiligkeit, daß jeder, der sich früher einmal an dem Geringen, dem Unscheinbaren, dem Unerkannten versündigt, ein Kind des Todes, und zwar eines möglichst scheußlichen, erniedrigenden Todes, ein Kind der Hölle ist ... Wie er aus dem nationalen Maß ins europäische wächst, dieselben Fiktionen, hysterischen Lügen und lähmenden Seelengriffe, die ihm zur internen Größe verhalfen, im weiteren Rahmen zu üben lernt; wie er im Ausbeuten der Mattigkeiten und kritischen Ängste des Erdteils, im Erpressen seiner Kriegsfurcht sich als Meister erweist, über die Köpfe der Regierungen hinweg die Völker zu agacieren[3] und große Teile davon zu gewinnen, zu sich hinüberzuziehen weiß; wie das Glück sich ihm fügt, Mauern lautlos vor ihm niedersinken und der trübselige Nichtsnutz

---

3 ködern, anlocken.

von einst, weil er – aus Vaterlandsliebe, soviel er weiß – die Politik erlernte, nun im Begriffe scheint, sich Europa, Gott weiß es, vielleicht die Welt zu unterwerfen: das alles ist durchaus einmalig, dem Maßstabe nach neu und eindrucksvoll; man kann unmöglich umhin, der Erscheinung eine gewisse angewiderte Bewunderung entgegenzubringen.
Märchenzüge sind darin kenntlich, wenn auch verhunzt (das Motiv der Verhunzung und der Heruntergekommenheit spielt eine große Rolle im gegenwärtigen europäischen Leben): Das Thema vom Träumerhans, der die Prinzessin und das ganze Reich gewinnt, vom ›häßlichen jungen Entlein‹, das sich als Schwan entpuppt, vom Dornröschen, um dessen Schlaf die Brünnhilden-Lohe zu Rosenhecken geworden ist und das unter dem weckenden Kusse des Siegfriedhelden lächelt. »Deutschland erwache!« Es ist abscheulich, aber es stimmt. Dazu der ›Jude im Dorn‹ – und was nicht noch alles an Volksgemüt, vermischt mit schändlicher Pathologie. Wagnerisch, auf der Stufe der Verhunzung, ist das Ganze, man hat es längst bemerkt und kennt die gut begründete, wenn auch wieder ein bißchen unerlaubte Verehrung, die der politische Wundermann dem künstlerischen Bezauberer Europas widmet, welchen noch Gottfried Keller »Friseur und Charlatan« nannte.
Künstlertum... Ich sprach von moralischer Kasteiung, aber muß man nicht, ob man will oder nicht, in dem Phänomen eine Erscheinungsform des Künstlertums wiedererkennen? Es ist, auf eine gewisse beschämende Weise, alles da: die ›Schwierigkeit‹, Faulheit und klägliche Undefinierbarkeit der Frühe, das Nichtunterzubringensein, das Was-willst-du-nun-eigentlich?, das halb blöde Hinvegetieren in tiefster sozialer und seelischer Boheme, das im Grunde hochmütige, im Grunde sich für zu gut haltende Abweisen jeder vernünftigen und ehrenwerten Tätigkeit – auf Grund wovon? Auf Grund einer dumpfen Ahnung, vorbehalten zu sein für etwas ganz Unbestimmbares, bei dessen Nennung, wenn es zu nennen wäre, die Menschen in Gelächter ausbrechen würden. Dazu das schlechte Gewissen, das Schuldgefühl,

die Wut auf die Welt, der revolutionäre Instinkt, die unterbewußte Ansammlung explosiver Kompensationswünsche, das zäh arbeitende Bedürfnis, sich zu rechtfertigen, zu beweisen, der Drang zur Überwältigung, Unterwerfung, der Traum, eine in Angst, Liebe, Bewunderung, Scham vergehende Welt zu den Füßen des einst Verschmähten zu sehen ... Es ist unratsam, aus der Vehemenz der Erfüllung Schlüsse zu ziehen auf das Maß, die Tiefe der latenten und heimlichen Würde, die unter der Ehrlosigkeit des Puppenstandes zu leiden hatte, auf die außerordentliche Spannungsgewalt eines Unterbewußtseins, das ›Schöpfungen‹ solchen ausladenden und aufdringlichen Stils zeitigt. Das al fresco, der große historische Stil ist ja nicht Sache der Person, sondern des Mediums und Wirkungsgebietes: der Politik oder Demagogie, die es auf eine lärmende und opferreiche Weise mit Völkern und vielumfassenden Massenschicksalen zu tun hat und deren äußere Großartigkeit gar nichts für die Außerordentlichkeit des seelischen Falles beweist, für das eigene Format dieses effektreichen Hysterikers. – Aber auch die Unersättlichkeit des Kompensations- und Selbstverherrlichungstriebes ist da, die Ruhelosigkeit, das Nie-sich-Genüge-Tun, das Vergessen der Erfolge, ihr rasches Sich-Abnutzen für das Selbstbewußtsein, die Leere und Langeweile, das Nichtigkeitsgefühl, sobald nichts anzustellen und die Welt nicht in Atem zu halten ist, der schlaflose Zwang zum Immer-wieder-sich-neu-beweisen-Müssen ...
Ein Bruder ... Ein etwas unangenehmer und beschämender Bruder; er geht einem auf die Nerven, es ist eine reichlich peinliche Verwandtschaft. Ich will trotzdem die Augen nicht davor schließen, denn nochmals: besser, aufrichtiger, heiterer und produktiver als der Haß ist das Sich-wieder-Erkennen, die Bereitschaft zur Selbstvereinigung mit dem Hassenswerten, möge sie auch die moralische Gefahr mit sich bringen, das Neinsagen zu verlernen. Mir ist nicht bange deswegen, – und übrigens ist Moral, sofern sie die Spontaneität und Unschuld des Lebens beeinträchtigt, nicht unbedingt Sache des Künstlers. Es ist nicht ausschließlich ärger-

lich, es ist auch eine beruhigende Erfahrung, daß trotz aller Erkenntnis, Aufklärung, Analyse, allen Fortschritten des Wissens vom Menschen – an Wirkung, Geschehen, eindrucksvollster Projektion des Unbewußten in die Realität jederzeit alles möglich bleibt auf Erden – zumal bei dem Primitivisierungsprozeß, dem das Europa von heute sich wissentlich, willentlich überläßt, – wobei denn freilich das Wissen und Wollen, der dolose[4] Affront gegen den Geist und die von ihm eigentlich erreichte Stufe einen schweren Einwand gegen die Primitivität bildet. Unstreitig, Primitivismus in seiner frechen Selbstverherrlichung gegen Zeit und Gesittungsstufe, Primitivität als ›Weltanschauung‹ – und sei diese Weltanschauung noch so sehr als Korrektur und Gegengewicht eines dörrenden ›Intellektualismus‹ gemeint – ist eine Schamlosigkeit, sie ist genau, was das Alte Testament einen »Greuel« und eine »Narrheit« nennt, und auch der Künstler als ironischer Parteigänger des Lebens kann sich von einem so dreisten und lügenhaften Rückfall nur angewidert abwenden. Neulich sah ich im Film einen Sakraltanz von Bali-Insulanern, der in vollkommener Trance und schrecklichen Zuckungen der erschöpften Jünglinge endete. Wo ist der Unterschied zwischen diesen Bräuchen und den Vorgängen in einer politischen Massenversammlung Europas? Es gibt keinen – oder vielmehr, es gibt immerhin einen: den Unterschied zwischen Exotik und Unappetitlichkeit.
Ich war sehr jung, als ich in ›Fiorenza‹ die Herrschaft von Schönheit und Bildung über den Haufen werfen ließ von dem sozial-religiösen Fanatismus des Mönches, der »das Wunder der wiedergeborenen Unbefangenheit« verkündete. Der ›Tod in Venedig‹ weiß manches von Absage an den Psychologismus der Zeit, von einer neuen Entschlossenheit und Vereinfachung der Seele, mit der ich es freilich ein tragisches Ende nehmen ließ. Ich war nicht ohne Kontakt mit den Hängen und Ambitionen der Zeit, mit dem, was kommen wollte und sollte, mit Strebungen, die zwanzig

---

4 arglistige.

Jahre später zum Geschrei der Gasse wurden. Wer wundert sich, daß ich nichts mehr von ihnen wissen wollte, als sie auf den politischen Hund gekommen waren und sich auf einem Niveau austobten, vor dem nur primitivitätsverliebte Professoren und literarische Lakaien der Geistfeindlichkeit nicht zurückschrecken? Es ist ein Treiben, das einem die Ehrfurcht vor den Quellen des Lebens verleiden könnte. Man muß es hassen. Aber was ist dieser Haß gegen denjenigen, den der Exzedent[5] des Unbewußten dem Geist und der Erkenntnis entgegenbringt! Wie muß ein Mensch wie dieser die Analyse hassen! Ich habe den stillen Verdacht, daß die Wut, mit der er den Marsch auf eine gewisse Hauptstadt betrieb, im Grunde dem alten Analytiker galt, der dort seinen Sitz hatte, seinem wahren und eigentlichen Feinde, – dem Philosophen und Entlarver der Neurose, dem großen Ernüchterer, dem Bescheidwisser und Bescheidgeber selbst über das ›Genie‹.

Ich frage mich, ob die abergläubischen Vorstellungen, die sonst den Begriff des ›Genie‹ umgaben, noch stark genug sind, daß sie uns hindern sollten, unsern Freund ein Genie zu nennen. Warum denn nicht, wenn's ihm Freude macht? Der geistige Mensch ist beinahe ebensosehr auf Wahrheiten aus, die ihm wehe tun, wie die Esel nach Wahrheiten lechzen, die ihnen schmeicheln. Wenn Verrücktheit zusammen mit Besonnenheit Genie ist (und das *ist* eine Definition!), so ist der Mann ein Genie: Um so freimütiger versteht man sich zu dem Anerkenntnis, weil Genie eine Kategorie, aber keine Klasse, keinen Rang bezeichnet, weil es sich auf den allerverschiedensten geistigen und menschlichen Rangstufen manifestiert, aber auch auf den tiefsten noch Merkmale aufweist und Wirkungen zeitigt, welche die allgemeine Bezeichnung rechtfertigen. Ich will es dahingestellt sein lassen, ob die Geschichte der Menschheit einen ähnlichen Fall von moralischem und geistigem Tiefstand, verbunden mit dem Magnetismus, den man ›Genie‹ nennt,

---

5 Übeltäter.

schon gesehen hat wie den, dessen betroffene Zeugen wir sind. Auf jeden Fall bin ich dagegen, daß man sich durch ein solches Vorkommnis das Genie überhaupt, das Phänomen des großen Mannes verleiden läßt, das zwar vorwiegend immer ein ästhetisches Phänomen, nur selten auch ein moralisches war, aber, indem es die Grenzen der Menschheit zu überschreiten schien, die Menschheit einen Schauder lehrte, der trotz allem, was sie von ihm auszustehen hatte, ein Schauder des Glückes war. Man soll die Unterschiede wahren – sie sind unermeßlich. Ich finde es ärgerlich, heute rufen zu hören: »Wir wissen es nun, Napoleon war auch nur ein Kaffer!« Das heißt wahrhaftig, das Kind mit dem Bade ausschütten. Es ist als absurd abzulehnen, daß man sie in einem Atem nennt: den großen Krieger zusammen mit dem großen Feigling und Erpressungspazifisten, dessen Rolle am ersten Tage eines wirklichen Krieges ausgespielt wäre; das Wesen, das Hegel den »Weltgeist zu Pferde« nannte, das alles beherrschende Riesengehirn, die ungeheuerste Arbeitskapazität, die Verkörperung der Revolution, den tyrannischen Freiheitsbringer, dessen Gestalt der Menschheit als Erzbild mittelmeerländischer Klassik für immer ins Gedächtnis geprägt ist, – zusammen mit dem tristen Faulpelz, tatsächlichen Nichtskönner und ›Träumer‹ fünften Ranges, dem blöden Hasser der sozialen Revolution, dem duckmäuserischen Sadisten und ehrlosen Rachsüchtigen mit ›Gemüt‹ . . . Ich sprach von europäischer Verhunzung: Und wirklich, unserer Zeit gelang es, so vieles zu verhunzen: Das Nationale, den Sozialismus – den Mythos, die Lebensphilosophie, das Irrationale, den Glauben, die Jugend, die Revolution und was nicht noch alles. Nun denn, sie brachte uns auch die Verhunzung des großen Mannes. Wir müssen uns mit dem historischen Lose abfinden, das Genie auf dieser Stufe seiner Offenbarungsmöglichkeit zu erleben.
Aber die Solidarität, das Wiedererkennen sind Ausdruck einer Selbstverachtung der Kunst, welche denn doch zuletzt nicht ganz beim Worte genommen sein möchte. Ich glaube gern, ja ich bin dessen sicher, daß eine Zukunft im Kommen

ist, die geistig unkontrollierte Kunst, Kunst als schwarze Magie und hirnlos unverantwortliche Instinktgeburt ebensosehr verachten wird, wie menschlich schwache Zeiten, gleich der unsrigen, in Bewunderung davor ersterben. Kunst ist freilich nicht nur Licht und Geist, aber sie ist auch nicht nur Dunkelgebräu und blinde Ausgeburt der tellurischen Unterwelt, nicht nur ›Leben‹. Deutlicher und glücklicher als bisher wird Künstlertum sich in Zukunft als einen helleren Zauber erkennen und manifestieren: als ein beflügelt-hermetisch-mondverwandtes Mittlertum zwischen Geist und Leben. Aber Mittlertum selbst ist Geist.

GW XII, 845–852.

Zu »Bruder Hitler« sowie zu »Mario und der Zauberer« schreibt Urs Bitterli in seiner Dissertation 1964:

»Eine Fähigkeit freilich mußte selbst ein so erbitterter Gegner wie Thomas Mann Hitler zugestehen: die Gabe nämlich, die Meinung der Massen durch instinktives Einfühlungsvermögen in deren geheimste Stimmungen und Sehnsüchte sich gefügig zu machen [...]. Schon lange vor Hitlers Erscheinen hatte sich der Dichter mit dem Phänomen der suggestiven, rational nicht begründbaren Macht auf das eingehendste beschäftigt und es in einigen literarischen Gestalten eindrücklich darzustellen vermocht. Und im Jahre 1930 hatte er unter dem Titel ›Mario und der Zauberer‹ eine Erzählung erscheinen lassen, in welcher mit einer fast unheimlichen Sicherheit der atmosphärischen Schilderung die Stimmung des nationalsozialistischen Deutschland antizipiert wird, und deren Hauptgestalt, ein Hypnotiseur, unverkennbar Hitlers Züge trägt. Die dämonische Faszinationskraft, welche von Hitler ausgehen sollte, war also, wenn die zugespitzte Formulierung erlaubt ist, nicht Hitlers, sondern Thomas Manns Erfindung; er, der Dichter, hatte, lange bevor Hitler mit ›eklem Mediumismus den Gemütsnerv des Volkes zu ertasten und in der obszönen Selbstverzückung einer unbeschreiblich niedrigen Rednergabe darauf zu spielen‹ wußte, dieses Phänomen künstlerisch dargestellt und

bewältigt. Und dennoch oder gerade darum schlug diese Faszinationskraft des ›Führers‹ auch Thomas Mann in gewissem Sinne in ihren Bann: immer wieder kreiste seine haßerfüllte Kritik um Hitlers Gestalt, vergebens mühte er sich, seinen Blick abzuwenden, und er gab zu, daß dieser Bursche zwar eine Katastrophe sei, daß man aber nicht umhin könne, ihm eine ›gewisse angewiderte Bewunderung‹ entgegenzubringen.
Und hier, an Manns Protest gegen jenen Menschen, den er einmal halb ironisch, halb ernsthaft ›Bruder Hitler‹ nennt, wird besonders deutlich, was der Gegnerschaft des Dichters ihren eigentümlichen Akzent verleiht: die Tatsache nämlich, daß Mann den Nationalsozialismus und dessen Führergestalt nicht als Außenstehender, sondern gleichsam als Eingeweihter beurteilte, da ja ihm, dem Dichter, die dämonischen, antigeistigen Möglichkeiten des Menschen vertraut und zum persönlichen Erlebnis geworden waren, lange bevor Hitler sich ihrer bediente. Darauf hat Thomas Mann ganz offen hingewiesen. ›Ich war‹, so schrieb er 1939, ›nicht ohne Kontakt mit den Hängen und Ambitionen der Zeit, mit dem, was kommen wollte und sollte, mit Strebungen, die zwanzig Jahre später zum Geschrei der Gasse wurden. Wer wundert sich, daß ich nichts mehr von ihnen wissen wollte, als sie auf den politischen Hund gekommen waren und sich auf einem Niveau austobten, vor dem nur primitivitätsverliebte Professoren und literarische Lakaien der Geistesfeindlichkeit nicht zurückschrecken? Es ist ein Treiben, das einem die Ehrfurcht vor den Quellen des Lebens verleiden könnte. Man muß es hassen.‹
In der Tat: kein zeitgenössischer Protest gegen die Person des deutschen Diktators und gegen dessen Ideologie trägt in solchem Grade den Stempel des Hasses und der Erbitterung wie derjenige Thomas Manns; denn er empfand Hitlers Existenz als persönliche Beleidigung, weil sich in ihr, auf der Stufe skrupelloser Verhunzung, manches von dem verwirklichte, was den Dichter zu der Zeit, da er die ›Betrachtungen‹ niederschrieb, selbst beschäftigt hatte. Auch Hitler

berief sich ja, wie schon erwähnt, auf dieselben geistigen Vorbilder, ohne freilich nur annähernd die Befähigung zu besitzen, deren Erbe weiterzutragen; auch Hitler appellierte an ähnliche Gefühlsbereiche wie Naphta, jene faszinierende Romangestalt in Manns ›Zauberberg‹; auch Hitler schließlich stand zu Staat und Gesellschaft in jenem Außenseiterverhältnis, welches das Künstlertemperament des jugendlichen Thomas Mann gekennzeichnet hatte.

Es war wohl wiederum in erster Linie des Dichters teilnehmende Neugierde gegenüber dem Menschlichen in allen seinen Erscheinungsformen, die ihm selbst eine Gestalt wie jene Hitlers interessant werden ließ: als Mensch nahm Thomas Mann Anteil an allem, was durch Hitler und unter Hitler geschah, als Mensch fühlte er sich miteinbezogen, mitbetroffen und mitschuldig. Und der überraschend heftige Tonfall, der in allen Äußerungen Manns über Hitler und dessen Gefolgsleute mitschwingt, erscheint so zuletzt als Ausdruck jenes durch Hitlers Existenz tief verletzten Solidaritätsgefühls des Dichters allem Menschlichen gegenüber [...].«

> Urs Bitterli: Thomas Manns politische Schriften zum Nationalsozialismus 1918–39. Diss. Zürich 1964. S. 79 f.

2. Theorie des Faschismus

Gerhard S c h u l z :

»Benito Mussolini, einer der faszinierendsten Wortführer der radikalen sozialistischen Linken im Vorkriegsitalien, Romagnole, der seit seiner Kindheit in sozialistischen Gedanken erzogene Sohn eines Anhängers Michael Bakunins[6], war Marxist, was ihn jedoch nicht hinderte, auch ein Anhänger Nietzsches[7] zu sein. Auf dem sozialistischen Par-

---

6 Michael Bakunin (1814–76), russ. Revolutionär, radikaler Anarchist, Gegenspieler von Marx, 1872 aus der 1. Internationale ausgeschlossen.
7 Friedrich Nietzsche (1844–1900), Philosoph, dessen Lehre Vergröberungen

2. Theorie des Faschismus

teitag von 1912 trat er als glänzender Redner hervor, der den Sieg des revolutionären Flügels über die bis dahin überlegene reformistische Richtung erstritt, sich zum einflußreichsten Mann seiner Partei machte und Direktor ihres Zentralorgans ›Avanti‹ wurde. Sein schroffer Kurs gegen die Regierung führte die Sozialisten im nächsten Jahr zu einem großen Wahlerfolg. Aber im Herbst 1914, nach Zaudern und Schwanken, setzte sich Mussolini mit der ganzen Entschiedenheit seiner Rhetorik für den Kriegseintritt Italiens auf seiten der Entente ein; er schied aus dem ›Avanti‹ aus, löste sich schließlich unwiderruflich von seiner Partei und gründete eine eigene Zeitung, den ›Popolo d'Italia‹. Der Bruch mit den Sozialisten, mit den Marxisten und der Übergang in das Lager der Nationalisten, die für den Kriegseintritt Italiens warben, ist endgültig gewesen.

Alle sozialistischen Parteien in den großen kriegführenden Staaten Europas hatte der Kriegsausbruch in eine kritische Situation gebracht, in der sich die Geister zwischen nationaler Haltung und unbeugsamer Kriegsgegnerschaft schieden. Während in England, Frankreich, Deutschland und Österreich-Ungarn die nationale Richtung die Oberhand behielt und ihre Gegner bis zur letzten Kriegsphase an die Wand drängte, sah sich Mussolini in dem radikal pazifistischen italienischen Sozialismus mehr und mehr isoliert. In der erregten Diskussion über den Kriegseintritt, die in Italien länger und daher noch weit heftiger geführt wurde als in den sozialistischen Parteien anderer Länder, stieß Mussolini dann vom sozialistischen Ufer ab, um sich ganz der nationalen Strömung anzuvertrauen. Das war zwar noch nicht die Geburtsstunde des Faschismus, aber doch so etwas wie eine entscheidende Wendung in seiner Vorgeschichte, gewissermaßen – sit venia verbo[8] – ein Akt der Befruchtung: der radikalste Sozialist und die radikalsten Bürgerlichen vereinten sich in der nationalistischen Agitation. Der Wille zur

---

und Vieldeutigkeit begünstigte und die Entstehung einer totalitären Machttheorie mitverursachte.
8 Man gestatte den Ausdruck.

Revolution wird nationalistisch. Die von Mussolini, Syndikalisten und Sozialisten gegründeten ›fasci d'azione rivoluzionaria‹, die für den Kriegseintritt Italiens agitieren, bilden bereits die ›Urzelle des Faschismus‹; von der sozialistischen Partei wurden sie als Hilfstruppe der Bourgeoisie verdächtigt. Der Vereinigungsname ›fasci‹ (Bünde) war in der italienischen Arbeiterbewegung seit Jahrzehnten geläufig; diese ›fasci‹ stellten allerdings ein Bündnis ganz besonderer Art dar, da sie sich darauf beschränkten, die Intervention Italiens an der Seite der Alliierten herbeizuführen.

Gewiß war nicht mehr, aber auch nicht weniger geschehen, als daß die Bekenner der revolutionären Aktion die von Fraktions- und Richtungskämpfen erschütterte Familie der sozialistischen Parteien ein für allemal verließen, um den Revolutionarismus in eine breiter und stärker werdende Strömung des Nationalismus hinüberzuleiten, ihr neue und stärkere Impulse zu geben, wie sie meinten. Die Idee der revolutionären Aktion war verabsolutiert worden und hatte die Richtung gewechselt; sie vermählte sich mit der bereits vorherrschenden und ständig noch wachsenden politischen Strömung des Nationalismus. [...]

[...] aus dem radikalen Sozialismus kam sein politischer Führer, der ›Duce‹ des Faschismus. Intellektuelle waren die Träger der Bewegung hier wie dort. Mussolini war in seiner frühen politischen Tätigkeit selbst ein marxistischer Doktrinär, der auf dem Boden des ›Kommunistischen Manifests‹ stand; doch sein Temperament neigte von Anbeginn seiner politischen Laufbahn mehr zum radikalen Aktivismus als zur theoretischen Reflexion. In der politischen Wendung, die er 1914 vollführte, gelangte dieser Aktivismus zum entscheidenden Durchbruch, freilich unter den Umständen der gegebenen politischen Situation. Der dezisionistische[9] Radikalismus ließ die theoretischen Grundlagen der Doktrin verblassen; was blieb, erwies sich schließlich als geeignet, eine Brücke zu den Doktrinen des radikalen Nationalismus

---

9 entscheidende.

2. Theorie des Faschismus

zu schlagen. Doch auch in dem einstigen sozialistischen Freundeskreis Mussolinis wurde der Faschismus zur Lösung der ›nationalen‹ Aufgabe für fähig gehalten, vor der der Sozialismus versagte.

›Fascio‹ blieb Name und Schlagwort, mit dem sich die faschistische Bewegung auch nach Kriegsende auswies. Er bezeichnete ein Bündnis, dem in Wirklichkeit manche Unsicherheit und Ungewißheit anhaftete, die immer nur zeitweilig überwunden schienen. Das faschistische Bündnis festigte sich jedoch, indem es immer deutlicher kategorische[10] Rigorosität allen seinen Gegnern, Sozialisten und Liberalen, gegenüber hervorkehrte, durch die proklamierte ›intransigenza rivoluzionaria‹, die Neigung zum Terror, durch die nach außen zur Schau getragene militante Uniformität der ›squadri‹, die den Anschein spontaner, unbezähmbarer jugendlicher Energie und geradezu barbarischer Rücksichtslosigkeit mit einem starken Schuß Zynismus erweckten und auch erwecken sollten, und durch strenge quasimilitärische Hierarchie und Subordination. Dennoch blieb die Weite dieses ›Bündnisses‹ aus soziologisch amorphen[11] Bestandteilen dauernd problematisch und gefährdet, bis die überragende Stellung des Duce die Kohärenz[12] der Partei sicherte, so daß schon Ende der zwanziger Jahre der deutsche Staatsrechtler Hermann Heller zu der bemerkenswerten formelhaften Feststellung gelangte: ›Fascismus ist Mussolinismus und dieser ... zynisch zersetzendes Spiel mit allen normativen Gehalten, seien sie nun religiöser, ethischer oder juristischer Natur‹. Wahrscheinlich ist dies bei aller Knappheit die im Kerne entschiedenste moralische Beurteilung, analog anwendbar auch auf andere Tendenzen im 20. Jahrhundert.«

> Gerhard Schulz: Faschismus – Nationalsozialismus. Versionen und theoretische Kontroversen 1922–1972. Frankfurt a. M. / Berlin / Wien: Ullstein / Propyläen Verlag, 1974. S. 16–20.

10 widerspruchslose.
11 ungeformten.
12 Zusammenhalt.

Ernst Nolte:

»Die typologische Methode macht es also möglich, eine Fülle von Material und eine Anzahl wesentlicher Gesichtspunkte (die durch die angeführten Beispiele nicht etwa erschöpft sind) aufeinander zu beziehen, so daß das Wirkliche stets vom Gedanken durchdrungen, der Gedanke durch das Wirkliche verifiziert wird. Auf ihrem höchsten Punkte entwächst ihr eine erste Wesensbestimmung des Faschismus als solchen. Da sie hier nur in gröbsten Umrissen skizziert, nicht aber eigentlich angewendet wurde, bedeutet die Definition an dieser Stelle nicht ein Resultat, sondern eine Vorwegnahme, die erst später zur vollen Anschauung gebracht werden kann.

Weder der Antiparlamentarismus noch der Antisemitismus ist geeignet, das Kriterium des Begriffs Faschismus zu bilden. Ganz unpräzis wäre nicht minder eine Kennzeichnung als Antikommunismus, offenkundig irreführend aber wäre eine Definition, die dieses fundamentale Merkmal nicht genügend betonte oder gar ganz fortließe. Aber auch der identifizierenden Auffassung muß ihr Recht widerfahren. Daher liegt es nahe zu sagen:

Faschismus ist Antimarxismus, der den Gegner durch die Ausbildung einer radikal entgegengesetzten und doch benachbarten Ideologie und die Anwendung von nahezu identischen und doch charakteristisch umgeprägten Methoden zu vernichten trachtet, stets aber im undurchbrechbaren Rahmen nationaler Selbstbehauptung und Autonomie.

Diese Wesensbestimmung impliziert: daß es ohne Marxismus keinen Faschismus gibt, daß der Faschismus dem Kommunismus zugleich ferner und näher ist als der liberale Antikommunismus, daß er notwendig mindestens die Tendenz zu einer radikalen Ideologie aufweist, daß überall da von Faschismus nicht gesprochen werden sollte, wo nicht wenigstens Ansätze zu einer der ›marxistischen‹ vergleichbaren Organisation und Propaganda vorhanden sind.

Sie macht es begreiflich, inwiefern es Stufen des Faschismus

2. Theorie des Faschismus

geben kann: je nach der Entwicklung der Ideologie und dem stärkeren Hervortreten eines der beiden Hauptmomente, des pseudosozialistischen oder des elitären beziehungsweise rassistischen, je nach der Entschiedenheit und mehr oder minder universalen Natur des Vernichtungswillens, je nach der Energie der Praxis. Entscheidend aber sind Ausgangspunkt und Richtung, denn dieser Begriff ist ein ›teleologischer‹[13], und selbst die markierteste Stufendifferenz hebt die Einheit des Wesens nicht auf.
Sie gibt schließlich die Möglichkeit, konkrete Unterscheidungen und Identifizierungen zu treffen: weder die Alldeutschen noch Stoeckers[14] Christlich-Soziale fallen unter sie, umgekehrt aber besteht kein Anlaß, jeden Gegner Hitlers in seiner Partei oder auch den anderen Gruppen der extremen Rechten für einen Nicht-Faschisten zu erklären.«

Ernst Nolte: Der Faschismus in seiner Epoche.
München: Piper, 1963. S. 51 f.

»Das Kabinett, das Mussolini bildete, war ein weit nach rechts orientiertes ›Kabinett der nationalen Konzentration‹, bei weitem keine Einparteienregierung. Mussolini übernahm die Präsidentschaft und das Innen-, interimistisch auch das Außenministerium; alle anderen wichtigen Ministerien wurden von Nationalisten, Liberalen und überparteilichen Konservativen (wie dem ›Duca della Vittoria‹, General Diaz[15], und dem ›Duca del Mare‹, Admiral Thaon di Revel[16]) besetzt, auch die Popolari waren vertreten. Die Faschisten bekamen im allgemeinen die Staatssekretariate.
Die Hoffnungen, mit denen Mussolini begrüßt wurde, waren groß und aufrichtig. Nichts hatte ja seine Gegner mehr gelähmt als die Überzeugung, daß nur er imstande sein würde, zugleich die Kommunisten niederzuwerfen und den

---

13 zweckhafter.
14 Adolf Stoecker (1835–1909), Theologe und Politiker, Führer der antisemitischen »Berliner Bewegung« und Vertreter des sogenannten Positivismus.
15 Armando Diaz (1861–1928), ital. Marschall im Ersten Weltkrieg; unter Mussolini zeitweilig Kriegsminister.
16 Paolo Graf Thaon di Revel (1895–1948), 1922–25 Marineminister.

faschistischen Extremismus zu bändigen. Außerdem zweifelte niemand daran, daß eine Änderung der Regierungsform vorgenommen werden müsse, die im Parlament klare Mehrheitsverhältnisse schaffe und dem Regierungschef größere Autorität gebe. Wenn Autoritäten wie Orlando[17], Giolitti[18] und Benedetto Croce[19] Mussolini in diesem Augenblick unterstützten, so kann das unmöglich auf Charakterfehler dieser untadelhaften Männer zurückgeführt werden. Nach der Turbulenz der vergangenen Jahre war die Sehnsucht nach Stabilität überwältigend stark geworden, und die Gewaltsamkeit des Regierungswechsels glaubte man als bloßen Schönheitsfehler betrachten zu dürfen, mit dem die Wiederkehr von Ordnung und Sicherheit nicht zu teuer erkauft sei.

Und es gab wirklich in den ersten anderthalb Jahren der Regierung Mussolinis vieles, was den Erwartungen der Liberalen und der Konservativen entsprach. Feierlich erflehte der junge Ministerpräsident in seiner ersten Kammerrede die Hilfe Gottes für sein großes Werk, in den Ruf ›Viva l'Esercito‹[20] stimmten auch die Abgeordneten der Linken ein, die Streiks hörten wie mit einem Zauberschlag auf, die Züge hielten auf einmal den Fahrplan ein, die Geruhsamkeit der Bürokratie wandelte sich unter den Augen des dynamischen Chefs in Eifer und Arbeitslust, beim ersten Spatenstich für eine neue Autobahn verkündete Mussolini: ›Die ganze Nation muß eine Werft, eine Fabrik werden‹; niemand bestritt ihm zu Anfang 1924 die stolze Versiche-

17 Vittorio Emanuele Orlando (1860–1952), ital. Staatsmann, von Oktober 1917 bis Juni 1919 Ministerpräsident. Zog sich 1925 aus dem politischen Leben zurück; wurde 1944 Präsident der Abgeordnetenkammer.
18 Giovanni Giolitti (1842–1928), ital. Staatsmann, mehrmals Ministerpräsident, zuletzt 1920/21. Stand dem Faschismus nicht allzu kritisch gegenüber, mißbilligte jedoch die Ausnahmegesetze von 1926 und die Wahlreform von 1928.
19 Benedetto Croce (1866–1952), ital. Historiker, Philosoph und Politiker; schrieb 1925 ein vielbeachtetes Manifest gegen den Faschismus und zog sich dann aus dem öffentlichen Leben zurück. 1943–47 Führer der liberalen, antimonarchistischen Partei.
20 Es lebe das Heer.

rung: ›Der ganze Rhythmus des italienischen Lebens ist schneller geworden.‹ Ebensowenig war zu leugnen, daß Mussolini das wichtigste außenpolitische Problem[21], Fiume-Dalmatien, auf eine maßvolle und besonnene Weise löste, daß in der Innenpolitik weder Sondergerichte noch Ausnahmegesetze eingeführt worden waren und die Zeitungen der Opposition weiterhin erschienen.«

Ebd. S. 275.

3. Äußerungen Mussolinis

Programm der »Fasci Italiani di Combattimento« vom 28. 8. 1919:

»Italiener!
Hier habt Ihr das nationale Programm einer rein (sanamente) italienischen Bewegung. Es ist revolutionär, weil es antidogmatisch und antidemagogisch ist; es bringt ganz neue Gedanken (fortemente innovatore), da es Vorurteile ablehnt.
Wir stellen die Auswertung des revolutionären Krieges über alles und über alle.
Die anderen Probleme, nämlich die der Bürokratie (problemi burocratici), Verwaltung, Justiz, Schulen, Kolonien usw., werden wir näher aufzeigen, wenn wir die leitende Schicht (classe dirigente) gebildet haben werden.
Deshalb fordern wir *für das politische Problem:*
a) Allgemeines Wahlrecht mit regionaler Listenwahl, bei verhältnismäßiger Vertretung, aktivem und passivem Wahlrecht der Frauen.
b) Herabsetzung des Mindesalters der Wähler auf 18 Jahre; jenes der Deputierten auf 25 Jahre.
c) Abschaffung des Senates.

---

21 Konflikt mit Jugoslawien: Im Vertrag von Rapallo vom 12. 11. 1920 wurde Fiume »Freie Stadt«; im Vertrag vom 27. 1. 1924 verzichtete Jugoslawien endgültig auf die Stadt zugunsten Italiens.

d) Einberufung einer Nationalversammlung für die Dauer von drei Jahren, deren erste Aufgabe die Festsetzung der Verfassungsform des Staates ist.
e) Bildung technischer Nationalräte der Arbeit, der Industrie, der Transportmittel, der Volksgesundheit, des Verkehrs usw., die gewählt werden von den Berufsgenossenschaften und handwerklichen Genossenschaften (collettività professionali e di mestiere) und ausgestattet sind mit Gesetzgebungsrechten und dem Recht, einen Generalkommissar mit den Befugnissen eines Ministers zu wählen.

Für das soziale Problem fordern wir:
a) Die schleunige Verkündung eines Staatsgesetzes, das für alle Arbeiter den gesetzlichen Arbeitstag zu acht Arbeitsstunden sanktioniert.
b) Die Festsetzung von Mindestlöhnen.
c) Die Beteiligung der Vertreter der Arbeiterschaft im technischen Betrieb der Industrie.
d) Die Betrauung der proletarischen Organisationen, die dessen moralisch und technisch würdig sind, mit der Leitung von Industrien oder öffentlichen Diensten.
e) Die rasche und vollkommene Organisierung der Eisenbahnbeamten und aller Transportindustrien.
f) Eine notwendig gewordene Abänderung des Gesetzesentwurfs über die Invaliden- und Altersversicherung durch Herabsetzung der gegenwärtig vorgeschlagenen Altersgrenze von 65 Jahren auf 55 Jahre.

Für das militärische Problem fordern wir:
a) Die Aufstellung einer nationalen Miliz mit kurzfristiger Ausbildung und rein defensiver Aufgabe.
b) Die Verstaatlichung aller Waffen- und Munitionsfabriken.
c) Eine nationale Außenpolitik, die dahin strebt, im friedlichen kulturellen Wettstreit das Ansehen der italienischen Nation in der Welt zur Geltung zu bringen (intesa a valorizzare la nazione italiana nel mondo).

Für das finanzielle Problem fordern wir:
a) Eine starke außerordentliche Steuer progressiver Art auf

3. Äußerungen Mussolinis

das Kapital, die einer wahren teilweisen Enteignung aller Reichtümer gleichkommen soll.
b) Die Beschlagnahme aller Güter der religiösen Kongregationen und die Abschaffung aller Bischofspfründen, die ein riesiges Passivum für die Nation und ein Privileg für Wenige darstellen.
c) Die Revision aller Kriegslieferungsverträge und die Beschlagnahme von 85 % der Kriegsgewinne.
Italiener!
Der italienische Faschismus will weiterhin in seinem neuen völkischen Leben den hohen italienischen Gedanken, der in der großen Probe des Krieges seine Verschmelzung und Härtung erfuhr, zur Geltung bringen; er will – in einer Art von Gegenpartei oder Überpartei – die Italiener aller Glaubensbekenntnisse und aller Produktionsklassen weiterhin vereinigt halten, um sie voranzutreiben zu den neuen, unvermeidlichen Schlachten, die gekämpft werden müssen zur Vollendung und Auswertung des großen revolutionären Krieges. Die Kampfbünde wollen, daß die großen Blutopfer den Italienern im Leben der Völker jenen Platz geben, den der Sieg ihnen zugewiesen hat.
Zu diesem großen Werk müssen sich alle in die ›Fasci italiani di combattimento‹ eingliedern.«

> Benito Mussolini: Der Geist des Faschismus. Ein Quellenwerk. Hrsg. und erl. von Horst Wagenführ. München: Beck, 1943. S. 39–41.

Im Jahre 1919 wurde von Mussolini folgende Erklärung abgegeben:

»Der *Bolschewismus* würde uns nicht schrecken, wenn er nicht den Ruin des wirtschaftlichen Lebens zur Folge gehabt hätte.
Wir erklären dem *Sozialismus* den Krieg, nicht weil er sozialistisch, sondern weil er gegen die Nation gerichtet ist. Der offizielle Sozialismus ist rundweg reaktionär, absolut konservativ, und sein Triumph hätte uns jeder Lebensmöglichkeit beraubt.

Wir wollen eine *aktive Minderheit* sein, wir wollen die offizielle sozialistische Partei vom Proletariat trennen, aber wenn die Borghesia (das Bürgertum) glaubt, in uns Blitzableiter zu finden, so täuscht sie sich.
Wir müssen der Arbeit entgegenkommen, die *Postulate der arbeitenden Klasse* annehmen. Will sie die achtstündige Arbeitszeit? Die sechsstündige für die Arbeiter unter Tag? Pensionen bei Arbeitsunfähigkeit und im Alter? Die Kontrolle über die Industrien? Gut, wir werden diese Forderungen stützen.
Wenn die *syndikalistische Doktrin* die Masse für geeignet hält, die Führer zu stellen, so können wir uns nicht widersetzen.
Was die *Wirtschaftsdemokratie* anbelangt, so stehen wir auf dem Boden des nationalen Syndikalismus. Es gibt Industrielle, die vom technischen und moralischen Standpunkt aus nichts gelernt haben. Wenn sie ihre Haltung nicht ändern, dann werden sie überrannt, aber der arbeitenden Klasse müssen wir sagen, daß Aufbauen etwas anderes ist als Einreißen, daß die Zerstörung das Werk von Stunden sein kann, während Jahre oder Jahrhunderte nötig sind, um Neues zu schaffen.
Wirtschaftliche Demokratie, das ist unsere Losung. Was die *politische Demokratie* anbelangt, so habe ich den Eindruck, daß das gegenwärtige Regime die Frage der Nachfolgerschaft gestellt hat. Wir dürfen daher nicht träge sein, wir müssen handeln. Wenn einmal das *Regime gestürzt ist*, so müssen wir seinen Posten einnehmen. *Daher bilden wir die Fasci*, diese schöpferischen und handelnden Organe, die auf die Straße gehen mit dem Ruf: Uns, uns gebührt das Recht auf die Nachfolgerschaft, denn wir waren es, die das Land in den Krieg trieben und zum Siege führten. Es gilt also, die *herrschende Klasse zu schaffen* und sie mit den nötigen Vollmachten auszustatten.«

Ebd. S. 42 f.

3. Äußerungen Mussolinis

Aus einer Rede Mussolinis in Turin vom 23. 10. 1932:

»Die Nationale Faschistische Partei ist ein Heer oder wenn Ihr wollt ein Orden. Man wird aufgenommen, nur um zu dienen und zu gehorchen.«

Ebd. S. 41.

Artikel 1–5 der Statuten der Nationalen Faschistischen Partei (P. N. F.):

»Art. 1. Die Nationale Faschistische Partei ist eine freiwillige, den Befehlen des Duce unterstehende Bürgermiliz, die dem Wohle des faschistischen Staates dient.
Art. 2. Der Duce ist der Führer der P. N. F. und erteilt die für die Aktion notwendigen Befehle. Er ruft, wenn er es für notwendig hält, die Gliederungen der P. N. F. zum großen Appell zusammen (Gran Rapporto).
Art. 3. Die Aufgaben (compiti) der P. N. F. sind: die Verteidigung und Stärkung (potensiamento) der Faschistischen Revolution; die politische Erziehung der Italiener.
Art. 4. Der Faschist faßt das Leben als Pflicht (dovere), Strebung (elevasione) und Kampf auf; er will immer des Gebotes des Duce eingedenk sein: ›Glauben, Gehorchen, Kämpfen‹ (Credere Obbedire Combattere).
Art. 5. Das Symbol (l'emblema) der P. N. F. ist das Faschistische Rutenbündel (il Fascio Littorio).«

Ebd. S. 44.

Die zehn Gebote des Milizsoldaten:

»1. Der Faschist, besonders der Milizsoldat, darf nicht an einen ewigen Frieden glauben.
2. Strafen sind immer verdient.
3. Auch der Wachtposten vor einem Benzinfaß dient dem Vaterland.
4. Der Kamerad ist dein Bruder: 1) weil er mit dir lebt, 2) weil er denkt und fühlt wie du.
5. Gewehr und Patronentasche sollen nicht während der Ruhezeit vernachlässigt, sondern für den Krieg bereit gehalten werden.

6. Sage niemals: die Regierung zahlt's; denn du selbst bist es, der zahlt, und die Regierung hast du selbst gewollt und du trägst ihre Uniform.
7. Gehorsam ist der Gott der Heere; ohne ihn ist kein Soldat denkbar, wohl aber Unordnung und Niederlagen.
8. Mussolini hat immer Recht.
9. Der Freiwillige hat keine Vorrechte, wenn er nicht gehorcht.
10. Eines muß dir über allem stehen: das Leben des Duce.«

Ebd. S. 45.

Im »Foglio d'Ordini« vom 21. 12. 1929 heißt es:

»Die Nationale Faschistische Partei ist eine Bürgermiliz, die im Dienste des Staates steht. Ihr Ziel ist es, die Größe des italienischen Volkes zu verwirklichen.
Seit ihren Anfängen, die mit der Wiedergeburt des italienischen Bewußtseins und mit dem Siegeswillen Hand in Hand gehen, hat sich die Partei bis heute immer im Kriegszustand gefühlt; zuerst um diejenigen niederzuschlagen, die den Geist der Nation unterdrückten; jetzt und immer, um die Macht des italienischen Volkes zu verteidigen und zu entfalten.
Der Faschismus ist nicht nur eine Neugruppierung von Italienern um ein festgelegtes Programm, das realisiert und zu realisieren ist, sondern er ist vor allem ein Glaube, der seine Bekenner hat und in dessen Institutionen als Kämpfer die neuen Italiener stehen, gedrängt von der Gewalt des siegreichen Krieges und von dem darauf folgenden Kampf zwischen der Nation und der Anti-Nation.
Die Partei ist der wesentlichste Teil dieser Institutionen.
Die Funktion der Partei ist für die lebendige Kraft der Herrschaft grundsätzlich unentbehrlich.
In der schweren Stunde des Vorabends der Revolution wurden die Institutionen von der Not der Stunde geschaffen, und das Volk erkannte an den Zeichen seines Willens, seiner Kraft und seiner Tat den Duce.

3. Äußerungen Mussolinis

In der Hitze des Kampfes ging die Tat stets der Norm voraus.«

Ebd. S. 43.

Aus: »Die Philosophie des Faschismus in ihren Grundgedanken«:

Die positive Auffassung des Lebens als Kampf

Der Faschismus ist also eine geistige Haltung, die ebenfalls aus der allgemeinen Gegenbewegung unseres Jahrhunderts gegen den kraftlosen und materialistischen Positivismus des neunzehnten Jahrhunderts hervorgegangen ist. Antipositivistisch, jedoch positiv: nicht skeptisch, noch agnostisch, noch pessimistisch, noch passiv-optimistisch, wie es in der Regel alle jene negativen Doktrinen sind, welche den Kern des Lebens außerhalb des Menschen legen, der sich mit seinem freien Willen seine Welt schaffen kann und soll. Der Faschismus fordert den tätigen, mit allen Willenskräften sich einsetzenden Menschen, der bereit ist, allen Schwierigkeiten männlich entgegenzutreten und sich ihnen zu stellen. Ihm ist das Leben ein Kampf, da nach seiner Ansicht es dem Menschen aufgegeben ist, jenes Leben zu erobern, das seiner wahrhaft würdig ist, indem er vor allen Dingen das Werkzeug (körperlich, geistig und sittlich) in sich selbst schafft, um das Leben aufzubauen. Das gilt für das Individuum, das gilt für die Nation, das gilt für die Menschheit. Daher der hohe Wert der Kultur in allen ihren Formen, in Kunst, Religion und Wissenschaft, und daher auch die überragende Bedeutung der Erziehung, der besondere Wert der Arbeit, durch die der Mensch die Natur besiegt und seine eigene Welt (in wirtschaftlicher, politischer, moralischer und geistiger Beziehung) erschafft.

Die ethische Auffassung

Diese lebensbejahende Auffassung ist offensichtlich eine sittliche Auffassung. Sie umfaßt die gesamte Wirklichkeit sowie die menschliche Tatkraft, die jene beherrscht. Keine Handlung entzieht sich der moralischen Beurteilung. Es gibt nichts in der Welt, das frei vom Werte sein könnte, der allen Dingen in der Ordnung der moralischen Zwecke zukommt. Daher ist das Leben, wie es der Faschist auffaßt, ernst, streng, religiös, ein Leben, das ganz in einer Welt steht, die von den moralischen und verantwortungsvollen Kräften des Geistes getragen wird. Der Faschist verachtet das »bequeme« Leben.

Die religiöse Einstellung

Der Faschismus ist eine religiöse Auffassung, in der der Mensch in seiner inneren Verbundenheit mit einem höheren Gesetz gesehen wird, einem objektiven Geist, der über das besondere Individuum hinausgeht und es zu einem mitwissenden Gliede einer geistigen Gemeinschaft macht. Wer in der religiösen Politik des faschistischen Regimes bei Überlegungen bloßer Opportunität stehen geblieben ist, hat nicht verstanden, daß der Faschismus, abgesehen davon, daß er ein Regierungssystem ist, auch und sogar vor allem ein geistiges System darstellt.

Die moralische und realistische Auffassung

Der Faschismus ist eine geschichtliche Auffassung, für die der Mensch nicht Mensch ist, wenn er nicht in jedem Sinne an dem geistigen Prozeß teil hat, in dem er steht: in der Familie, in der Gemeinschaft, in der Nation und in der Geschichte, an der alle Völker mitwirken. Daher der große Wert der Überlieferung, die sich an historische Erinnerungen, an Sprache und Gebräuche, an bindende Vorschriften des gesellschaftlichen Lebens knüpft. Außerhalb der Geschichte ist der Mensch nichts. Daher wendet sich der Faschismus gegen alle individualistischen Abstraktionen auf materialistischer Grundlage im Sinne des neunzehnten Jahrhunderts und gegen alle Utopien und jakobinischen Neuerungen[22]. Der Faschismus glaubt nicht an die »Glückseligkeit« auf Erden, welche der Wunschtraum des wirtschaftlichen Schrifttums des achtzehnten Jahrhunderts war. Daher

---

22 Anspielung auf die radikalen Änderungen durch die Jakobiner in der Französischen Revolution.

weist er auch alle teleologischen Auffassungen zurück, wonach es in einem bestimmten geschichtlichen Zeitabschnitt eine endgültige Ordnung des Menschengeschlechtes geben würde. Eine solche Betrachtungsweise stellt sich außerhalb der Geschichte und außerhalb des Lebens, das ein ständiges Fließen und Werden ist. Der Faschismus will politisch eine realistische Doktrin sein. Er erstrebt praktisch lediglich die Lösung derjenigen Probleme, die sich geschichtlich von selbst stellen und die von selbst ihre Lösung finden oder nahelegen. Um unter Menschen, wie in der Natur, wirken zu können, muß man an den Vorgängen der Wirklichkeit teilnehmen und sich der in Wirksamkeit befindlichen Kräfte bemächtigen. [...]

Gegen den Sozialismus und für den korporativen Gedanken

Außerhalb des Staates darf es keine Individuen, noch Gruppen (politische Parteien, Vereine, Syndikate[23] und Klassen) geben. Daher ist der Faschismus gegen den Sozialismus, der die geschichtliche Bewegung im Klassenkampf erstarren läßt und die staatliche Einheit leugnet, die die Klassen zu einer einzigen wirtschaftlichen und sittlichen Realität miteinander verschmilzt. Folgerichtig ist er auch gegen den Klassen-Syndikalismus. Die innerhalb des Staatsgefüges auftretenden wahren Bedürfnisse aber, von denen die sozialistische und syndikalistische Bewegung ausgingen, werden vom Faschismus anerkannt. Er läßt sie im korporativen System der durch die Einheit des Staates versöhnten Interessen zur Geltung kommen.

Demokratie und Nation

Die Individuen werden gemäß der Art ihrer Sonderinteressen eingegliedert (sono classi); sie werden nach den verschiedenartigen wirtschaftlichen Tätigkeiten, an denen sie teilhaben, zu Syndikaten zusammengefaßt. Doch sind sie vor allem und über allem: Staat. Dieser ist keine bloße Zahl, als

---

23 Verkaufskartelle, Verbindungen von Produktionsmittelbesitzern.

Summe der Einzelwesen, welche die Mehrheit des Volkes ausmachen. Der Faschismus wendet sich daher gegen die Demokratie, die das Volk mit Mehrheit gleichsetzt und es auf den Stand der Masse herabdrückt. Es ist die reinere Form der Demokratie, wenn man das Volk so auffaßt, wie es sein soll, nämlich qualitativ und nicht quantitativ, so wie es der stärkeren, weil sittlicheren, folgerichtigeren und wahreren Idee entspricht: daß sich nämlich im Volke Bewußtsein und Wille aller, ja sogar nur eines Einzigen, ausdrückt, – eine Idee, die sich im Bewußtsein und Willen aller derjenigen zu verwirklichen sucht, die aus natürlichen und geschichtlichen Gründen ethnologisch das Recht ableiten, ein Bewußtsein zu haben und einen Willen zu bilden, nachdem sie die gleiche Entwicklung durchgemacht und die gleiche Geistesbildung erworben haben. Das Volk ist nicht Rasse oder ein geographisches Gebiet, sondern eine in der geschichtlichen Entwicklung sich ununterbrochen erhaltende Gemeinschaft, eine Vielheit, die geeint wird durch eine Idee, welche aus Existenz- und Machtwillen besteht: es ist sich seiner selbst bewußt und stellt eine Persönlichkeit dar (coszienza di sè, personalità).

Der Staatsgedanke

Diese überragende Persönlichkeit ist eben die Nation, insofern sie Staat ist. Die Nation erzeugt aber nicht den Staat, gemäß den veralteten naturalistischen Anschauungen, die der Schriftstellerei der Nationalstaaten im neunzehnten Jahrhundert als Grundlage dienten. Vielmehr wird die Nation vom Staate geschaffen, der dem Volke, das sich seiner eigenen sittlichen Einheit bewußt ist, einen Willen und daher seine eigentliche Existenz verleiht. Das Recht einer Nation auf Unabhängigkeit leitet sich nicht von einem literarischen und ideellen Bewußtsein des eigenen Seins ab, und noch viel weniger von einem mehr oder minder unbewußten Tatbestand (e tanto meno da una situazione di fatto più o meno inconsapevole e inerte), sondern von einem aktiven Bewußtsein, von einem Willen, der politisch handelt und bereit ist, sein eigenes Recht geltend zu machen: von da aus nimmt der Staat gleichsam seinen Anfang (in fieri). Der Staat ist tatsächlich als umfassender, sittlicher Wille der Schöpfer des Rechtes.

Der ethische Staat

Die Nation als Staat ist ethische Wirklichkeit, die existiert und lebt, sofern sie sich entwickelt. Ihr Stillstand ist ihr Tod. Daher ist der Staat nicht nur die Autorität, die regiert, und eine rechtliche Gestalt, die den Einzelwillen den geistigen Lebenswert verleiht, sondern auch jene Macht (potenza), die nach außen hin ihren Willen wirksam werden läßt dadurch, daß sie sich Anerkennung und Achtung verschafft oder durch die Tat die Allgemeingültigkeit dieses Willens in allen wesentlichen Äußerungen der Entwicklung aufzeigt: denn der Staat ist auch Organisation und Expansion nach außen hin, wenn auch nur der Möglichkeit nach (espansione, almeno virtuale). Auf diese Weise kann sich der Staat mit der Natur des menschlichen Willens vergleichen, der in seiner Entwicklung keine Schranken kennt und sich dadurch verwirklicht, daß er seine eigene Unbegrenztheit erweist. [...]

Autorität

Alles in allem: Der Faschismus ist nicht nur Gesetzgeber und Gründer von Einrichtungen (fondatore d'istituti), sondern Erzieher und Förderer des geistigen Lebens (vita spirituale). Er will nicht die Formen des menschlichen Lebens, sondern seinen Inhalt, den Menschen, den Charakter, den Glauben neu schaffen. Und zu diesem Zwecke fordert er Disziplin und eine Autorität, die in die Geister eindringt und darin unumstritten herrscht. Sein Wahrzeichen ist daher das Liktorenbündel, das Symbol der Einheit, der Kraft (forza) und der Gerechtigkeit.

Ebd. S. 2–8.

Aus: »Die politische und soziale Doktrin des Faschismus«:

Der Ursprung der Doktrin

Als ich in den nun schon weit zurückliegenden Märztagen des Jahres 1919 in den Spalten des »Popolo d'Italia« nach Mailand die überlebenden Interventionisten zusammenrief, die mir seit der im Januar 1915 erfolgten Gründung der revolutionären Fasci gefolgt waren, hatte ich noch kein besonderes Programm (specifico piano dottrinale) im Sinn.
Aus einer einzigen Lehre zog ich die lebendige Erfahrung (l'esperienza vissuta): aus dem Sozialismus der Jahre 1903/4 bis zum Winter 1914, also fast eines Jahrzehntes: aus der praktischen Erfahrung des Anhängers und des Führers, aber nicht aus der Theorie. Auch in der damaligen Zeit war meine Doktrin die der Tat. [...]
Im Jahre 1919, nach Beendigung des Krieges, war der Sozialismus als Doktrin schon tot: er lebte nur noch als Ressentiment fort und hatte, besonders für Italien, die einzige Möglichkeit, als Vergeltungsmittel gegen diejenigen angewendet zu werden, die den Weltkrieg gewollt hatten und dafür büßen sollten. Der »Popolo d'Italia« erschien mit dem Untertitel »Tageszeitung der Frontkämpfer und der Schaffenden (produttori)«. In dem Worte »Schaffende« liegt schon der Ausdruck einer bestimmten geistigen Richtung beschlossen. Der Faschismus ist nicht aus einer am grünen Tische im vorhinein ausgearbeiteten starren Doktrin ins Leben gerufen worden; er wurde geboren aus der Notwendigkeit zu handeln und wurde selbst zur Tat. Er war keine Partei, sondern in den ersten beiden Jahren eine gegen die Parteien eingestellte Bewegung. Der Name, den ich der Organisation gab, legte ihren Charakter fest; auch wird, wer in den zerknitterten Blättern jener Zeit den Bericht der Gründungsversammlung der »Fasci italiani di combattimento« nachliest, zwar noch keine Doktrin finden, aber doch eine Reihe von Stichworten, von vorausgreifenden Andeutungen und Winken, die sich erst einige Jahre später zu einer Reihe von Programmpunkten entwickelten, nach-

dem sie vom unvermeidlichen Schutt der zufälligen Einflüsse befreit worden waren. Diese Punkte machten den Faschismus erst zu einer politischen und auf sich selbst beruhenden praktischen Doktrin entgegen allen anderen der Vergangenheit und Gegenwart. [...]

Entwicklung

In jenen Jahren, die dem Marsch auf Rom vorangingen, ließ die Notwendigkeit zu handeln keine doktrinären Untersuchungen oder vollständige, gelehrte Ausarbeitungen zu. Es wurde in Stadt und Land gekämpft. Man diskutierte – und was heiliger und wichtiger ist – man starb dafür! Ja, man wußte zu sterben! Eine fertige Doktrin, die in Kapitel und Paragraphen eingeteilt und sorgfältig durchgearbeitet ist, durfte getrost fehlen: dafür gab es etwas Entscheidenderes, den Glauben. Immerhin wird, wer in Büchern, Aufsätzen, Kongreßbeschlüssen und Versammlungsreden einzudringen und kritisch zu sondern versteht, finden, daß die Fundamente der Doktrin bereits gelegt wurden, während der Kampf noch wütete. Gerade in jenen Jahren rüstete sich das faschistische Denken: es verfeinerte sich und ging seiner Gestaltung entgegen in den Grundfragen wie Individuum und Staat, Autorität und Freiheit, als auch in den politischen, sozialen und in den spezifisch nationalen Problemen. Der Kampf gegen die liberale, demokratische, sozialistische und freimaurerische Doktrin und auch gegen die der Popolari wurde gleichzeitig mit den »Strafexpeditionen« durchgeführt. Aber da ein »System« fehlte, sprachen die Gegner dem Faschismus im bösen Glauben jede Fähigkeit, eine Doktrin aufzubauen, ab; während diese doch, wenn auch auf eine etwas stürmische Art, im Entstehen begriffen war, zuerst in der Form der heftigen und starren Verneinung, wie dies bei allen bahnbrechenden Ideen der Fall ist, dann in der positiven Form eines Aufbaues, die, aufeinanderfolgend in den Jahren 1926, 1927 und 1928 ihre Verwirklichung in den Gesetzen und in den Institutionen des Regimes fand.
Heute hat der Faschismus sein scharf umrissenes Gepräge

nicht nur als Regime, sondern auch als Doktrin. Dieses Wort muß so verstanden werden, daß heute der Faschismus, indem er Kritik an sich selbst und an anderen übt, seinen eigenen unbeirrbaren Standpunkt hat und daher richtunggebend ist für alle Fragen, die die Völker in materieller und geistiger Hinsicht bedrücken.

Gegen den Pazifismus: Krieg und Leben als Pflicht

Vor allem betrachtet der Faschismus die Zukunft und die Entwicklung der Menschheit im allgemeinen nur vom Standpunkt der politischen Realität aus und glaubt weder an die Möglichkeit noch an die Nützlichkeit des ewigen Friedens. Er lehnt daher den Pazifismus ab, der einen Verzicht auf den Kampf und eine Feigheit gegenüber dem Opfer in sich birgt. Der Krieg allein bringt alle menschlichen Energien zur höchsten Anspannung und verleiht den Völkern die Würde des Adels, die den Mut und die virtù haben, dem Kampfe die Stirn zu bieten. Alle anderen Erprobungen sind Ersatz, weil sie den auf sich selbst gestellten Mann nicht vor die Alternative von Leben oder Tod stellen. Eine Doktrin, die von der vorgefaßten Forderung des Friedens ausgeht, ist daher dem Faschismus fremd, so wie seinem Geiste alle internationalen und gesellschaftlichen Konstruktionen fremd sind, wenn ihnen auch in bestimmten politischen Verhältnissen ein gewisses Maß von Nützlichkeit zugestanden werden muß. Sie können, wie die Geschichte lehrt, in alle Winde zerblasen werden, sobald gefühlsmäßige, ideelle oder reale Kräfte die Herzen der Völker stürmisch bewegen. Diesen antipazifistischen Geist trägt der Faschismus auch in das Leben der Individuen hinein. Das stolze Wort der Kampfgruppe: »Ich pfeife drauf«, das auf dem Verband der Wunde steht, ist nicht nur stoische Philosophie[24], ist nicht nur eine politische Doktrin: es bedeutet Erziehung zum Kampf, das Hinnehmen der Gefahren, die er in sich birgt; es

---

24 Einstellung der Anhänger der Stoa, die sich bemühten, alle Gemütserregungen und Begierden zu beherrschen und ihr Schicksal gelassen zu ertragen.

3. Äußerungen Mussolinis

ist ein neuer Stil des italienischen Lebens. Daher erkennt der Faschismus das Leben an und liebt es und will vom Selbstmord nichts wissen, den er für feige hält. Er faßt das Leben als Pflicht, als Aufstieg und als Eroberungszug (conquista) auf: Das Leben muß tief und voll sein; ein jeder muß es für sich leben, aber auch und zwar vor allem für die Anderen, dem Nahen und dem Fernen, in der Gegenwart und in der Zukunft.

Über Bevölkerungspolitik und den »Nächsten«

Die »Bevölkerungs«politik des Regimes ist die Folgerung aus diesen Voraussetzungen. Auch der Faschist liebt in der Tat seinen Nächsten. Aber dieser »Nächste« ist für ihn kein unbestimmter und unfaßbarer Begriff: die Liebe zum Nächsten verhindert nicht die notwendige erzieherische Strenge und noch weniger Unterscheidungen und Distanzierungen. Der Faschismus verwirft die weltumspannenden Verbrüderungen; obwohl er sich in die Gesellschaft der zivilisierten Völker einfügt, so beobachtet er sie doch mißtrauischen und wachsamen Auges, verfolgt ihre Haltung, die Wandlungen ihrer Interessen und läßt sich durch vorübergehende und trügerische Äußerlichkeiten nicht täuschen.

Gegen materialistische Geschichtsauffassung und Klassenkampf

Eine solche Lebensauffassung führt den Faschismus dazu, jene Doktrin entschieden abzulehnen, die die Grundlagen des sog. wissenschaftlichen oder marxistischen Sozialismus bildet: die Doktrin der materialistischen Geschichtsauffassung, derzufolge die Menschheitsgeschichte nur aus dem Interessenkampf zwischen den verschiedenen Gesellschaftsklassen und aus den Veränderungen der Produktionsmittel verstanden wird. Keiner wird leugnen, daß die Wirtschaft, die Entdeckung von Rohstoffen und neuen Arbeitsmethoden, die wissenschaftlichen Erfindungen ihre bestimmte Bedeutung haben; aber anzunehmen, daß sie genügen, um die Menschheitsgeschichte zu erklären, indem sie alle anderen Faktoren ausschließen, ist absurd. Der Faschismus glaubt heute und immer an das Heilige und Heldenhafte, d. h. an menschliche Handlungen, die nicht durch wirtschaftliche Beweggründe unmittelbar oder mittelbar bestimmt sind. Wenn man die materialistische Geschichtsauffassung verneint, für die die Menschen nur Komparsen der Geschichte sind, die an der Oberfläche auftauchen und verschwinden, während in der Tiefe die wahren gestaltenden Kräfte walten und wirken, so wird auch der unwandelbare und unversöhnliche Klassenkampf negiert, der sich aus dieser wirtschaftlichen Auffassung der Geschichte auf natürliche Weise ergibt; negiert wird vor allem, daß der Klassenkampf in den sozialen Umbildungen die vorherrschende Triebkraft darstellt. Wenn man einmal den Sozialismus in diesen beiden Hauptstützen seiner Doktrin getroffen hat, so bleibt dann nur noch das sentimentale Verlangen übrig (das ebenso alt ist wie die Menschheit) nach einem sozialen Zusammenleben, in dem die Leiden und Schmerzen der ärmsten Leute gemildert sind. Aber auch in diesem Punkte verwirft der Faschismus den Begriff des wirtschaftlichen »Glückes«, das sich sozialistisch und fast automatisch in einem gegebenen Augenblick der wirtschaftlichen Entwicklung verwirklichen soll, um allen das Höchstmaß von Wohlergehen zu gewähren. Der Faschismus verneint diese Möglichkeit der materialistischen Vorstellung des »Glücks« und überläßt sie den Wirtschaftern der ersten Hälfte des achtzehnten Jahrhunderts; er verneint also die Gleichsetzung von Wohlergehen mit Glück, die die Menschen in Tiere verwandelt, weil sie nur noch einen einzigen Gedanken haben, nämlich den, wohlgenährt und gemästet zu sein, wodurch sie auf ein rein vegetatives Leben herabgedrückt werden.

Gegen die demokratischen Ideologien

Nächst dem Sozialismus zerschlägt der Faschismus den ganzen Komplex der demokratischen Ideologien, die er sowohl in ihren theoretischen Voraussetzungen wie auch in ihren Anwendungen und praktischen Handhabungen verwirft.

3. Äußerungen Mussolinis

Der Faschismus leugnet, daß die Zahl, nur weil sie Zahl ist, die menschliche Gesellschaft zu leiten vermöchte; er leugnet, daß diese Zahl durch eine regelmäßige Befragung regieren könne, und behauptet die unabänderliche, fruchtbare und heilsame Ungleichheit der Menschen, die nicht auf dem mechanischen und äußerlichen Wege wie bei dem allgemeinen Stimmrecht auf das gleiche Niveau gebracht werden können. Als demokratische Regierungen können diejenigen definiert werden, bei denen ab und zu dem Volke vorgegaukelt wird, es sei souverän, während die wahre und tatsächliche Souveränität doch in Wirklichkeit von anderen, mitunter unverantwortlichen und geheimen Kräften ausgeübt wird. Die Demokratie ist zwar ein Regime ohne einen König, dafür aber mit sehr vielen Königen, die manchmal eigenmächtiger, tyrannischer und verderblicher sind als ein einziger Herrscher allein, und wäre er selbst ein Tyrann. Daraus erklärt sich, daß der Faschismus, der vor 1922 eine Haltung mit republikanischem Einschlag, allerdings mehr aus Gründen der Zufälligkeit, hatte, vor dem Marsche auf Rom auf diesen Programmpunkt verzichtete, in der Überzeugung, daß die Frage der Staatsform heute nicht das wichtigste ist; und wenn man in der Musterschau der vergangenen und gegenwärtigen Monarchien, der vergangenen und gegenwärtigen Republiken Umschau hält, so ergibt sich, daß Monarchie und Republik nicht unter dem Gesichtspunkt der Ewigkeit zu werten sind, sondern nur als Erscheinungsformen der inneren politischen Entwicklung, der Geschichte, der Überlieferung und der Psychologie eines bestimmten Landes auftreten. Heute hat der Faschismus den Gegensatz Monarchie –Republik überwunden, auf den sich die Demokratie (democraticismo) stützt, wenn sie jene aller Unzulänglichkeiten zieh, diese aber als ein vollkommenes Regierungssystem bis aufs äußerste verteidigte. Heute hat man erkannt, daß es ausgesprochen rückständige oder absolutistische Republiken und andererseits Monarchien gibt, die den kühnsten politischen und sozialen Versuchen zugänglich sind.

Ebd. S. 9–16.

VI. Literaturhinweise

1. Ausgaben der Werke und Briefe

Gesammelte Werke in dreizehn Bänden. [Hrsg. von Hans Bürgin und Peter de Mendelssohn.] Frankfurt a. M.: S. Fischer, 1974. [Zit. als: GW.]

Briefe 1889–1936. Hrsg. von Erika Mann. Frankfurt a. M.: S. Fischer, 1961. [Zit. als: Briefe 1889–1936.]

Jens, Inge (Hrsg.): Thomas Mann an Ernst Bertram. Briefe aus den Jahren 1910–1955. Pfullingen: Neske, 1960.

Tagebücher. 1918–1921. 1933–1943. Hrsg. von Peter de Mendelssohn. 5 Bde. Frankfurt a. M.: S. Fischer, 1977–82. – 1944–1955. Hrsg. von Inge Jens. 5 Bde. Ebd. 1989–95.

2. Bibliographien, Forschungsberichte, Biographien

Bürgin, Hans: Das Werk Thomas Manns. Eine Bibliographie unter Mitw. von Walter A. Reichart und Erich Neumann. Frankfurt a. M. 1959.

Neumann, Erich: Fortsetzung und Nachtrag zu Hans Bürgins Bibliographie *Das Werk Thomas Manns*. In: Betrachtungen und Überblicke. Zum Werk Thomas Manns. Hrsg. von Georg Wenzel. Berlin/Weimar 1966. S. 491–510.

Jonas, Klaus W.: Die Thomas-Mann-Literatur. Bd. 1: Bibliographie der Kritik 1896–1955. Berlin 1972. Bd. 2: Bibliographie der Kritik 1956–1975. Ebd. 1979.

Potempa, Georg: Thomas-Mann-Bibliographie. Morsum auf Sylt 1992.

Die Briefe Thomas Manns. Regesten und Register. Bearb. und hrsg. unter Mitarb. von Yvonne Schmidlin von Hans Bürgin und Hans-Otto Mayer. 5 Bde. Frankfurt a. M. 1976–87.

Bürgin, Hans / Mayer, Hans-Otto: Thomas Mann. Eine Chronik seines Lebens. Frankfurt a. M. 1963.

Schröter, Klaus: Thomas Mann in Selbstzeugnissen und Bilddokumenten. Reinbek bei Hamburg 1964. (rowohlts monographien. 93.)

3. Forschungsliteratur

Admoni, Wladimir / Silman, Tamara: Wandlungsmöglichkeiten der Erzählweise Thomas Manns. In: Betrachtungen und Überblicke. Zum Werk Thomas Manns. Hrsg. von Georg Wenzel. Berlin/Weimar 1966. S. 120 bis 124.

Bance, Alan F.: The Narrator in Thomas Mann's *Mario und der Zauberer*. In: The Modern Language Review 82 (1987) S. 382–398.

Bitterli, Urs: Thomas Manns politische Schriften zum Nationalsozialismus 1918–1939. Diss. Zürich 1964.

Böhme, Hartmut: Thomas Mann: *Mario und der Zauberer*. Positionen des

Erzählers und Psychologie der Herrschaft. In: Orbis Litterarum 30 (1975) S. 286–316.
Duffy, Charles / Keister, Don A.: *Mario and the Magician*: Two letters by Thomas Mann. In: Monatshefte für deutschen Unterricht, deutsche Sprache und Literatur 51 (1959) S. 190–192.
Eigler, Friederike: Die ästhetische Inszenierung von Macht: Thomas Manns Novelle *Mario und der Zauberer*. In: Heinrich Mann-Jahrbuch 2 (1984) S. 172–183.
Freese, Wolfgang: Thomas Mann und sein Leser. Zum Verhältnis von Antifaschismus und Leseerwartung in *Mario und der Zauberer*. In: Deutsche Vierteljahrsschrift für Literaturwissenschaft und Geistesgeschichte 51 (1977) S. 659–675.
Haiduk, Manfred: Der Gedanke des antifaschistischen Widerstandes bei Thomas Mann. In: Wissenschaftliche Zeitschrift der Universität Rostock. Sonderheft: Die Gestalt des antifaschistischen Widerstandskämpfers in der Literatur 9 (1959/60) S. 53–59.
Hansen, Volkmar: Thomas Mann. Stuttgart 1984. (Sammlung Metzler. 211.)
Hergershausen, Lore: Un sujet de *Mario und der Zauberer* de Thomas Mann. Cesare Gabrielli, prototype de Cipolla? In: Etudes Germaniques 23 (1968) S. 268–275.
Hilscher, Eberhard: Thomas Mann. Sein Leben und Werk. Berlin 1968.
Imhof, Eugen: Thomas Mann: *Mario und der Zauberer*. In: Der Deutschunterricht 4 (1952) H. 6. S. 59–69.
Jonas, Ilsedore B.: Thomas Mann und Italien. Heidelberg 1969.
Koopmann, Helmut: Führerwille und Massenstimmung: *Mario und der Zauberer*. In: Interpretationen: Thomas Mann, Romane und Erzählungen. Hrsg. von Volkmar Hansen. Stuttgart 1993. S.151-185.
Kurzke, Hermann: Thomas Mann. Epoche – Werk – Wirkung. München 1985.
Leneaux, Grant F.: *Mario und der Zauberer*: The Narration of Seduction or the Seduction of Narration? In: Orbis Litterarum 40 (1985) S. 327–347.
Lukács, Georg: Skizze einer Geschichte der neueren deutschen Literatur. Darmstadt/Neuwied 1975. [Bes. S. 221–224.]
– Thomas Mann. In: G. L.: Werke. Bd. 7. Neuwied/Berlin 1964. S. 501–618.
Mandel, Siegfried: Mann's *Mario and the Magician*, or Who is Silvestra? In: Modern Fiction Studies 25 (1979/80) Nr. 4. S. 593–611.
Matenko, Percy: The Prototype of Cipolla in *Mario und der Zauberer*. In: Italica 31 (1954) S. 133–135.
Matter, Harry: *Mario und der Zauberer*. Die Bedeutung der Novelle im Schaffen Thomas Manns. In: Weimarer Beiträge 6 (1960) S. 580–596.
Mayer, Hans: Thomas Mann. Werk und Entwicklung. Berlin 1950. S. 183 bis 193.
McIntyre, Allan J.: Determinism in *Mario and the Magician*. In: The Germanic Review 52 (1977) S. 205–216.
Müller-Salget, Klaus: Der Tod in Torre di Venere. Spiegelung und Deutung des italienischen Faschismus in Thomas Manns *Mario und der Zauberer*. In: Arcadia 18 (1983) S. 50–65.
Nolte, Ernst: Der Faschismus in seiner Epoche. München 1963.

Nolte, Ernst (Hrsg.): Theorien über den Faschismus. Köln/Berlin 1967.
Sautermeister, Gerd: Thomas Mann, *Mario und der Zauberer*. München 1981.
Schmidt, R.: Das Ringen um die Überwindung der Dekadenz. In: Wissenschaftliche Zeitschrift der E. M. Arndt-Universität Greifswald (1962) H. 1/2. S. 150–152.
Schröter, Klaus: Thomas Mann im Urteil seiner Zeit. Dokumente 1891–1955. Hamburg 1969.
Schulz, Gerhard: Faschismus – Nationalsozialismus. Versionen und theoretische Kontroversen 1922–1972. Berlin 1974.
Schwarz, Egon: Fascism and Society. Remarks on Thomas Mann's Novella *Mario and the Magician*. In: Michigan Germanic Studies. Vol. 2. Nr. 1 (1976) S. 47–67.
Sontheimer, Kurt: Thomas Mann als politischer Schriftsteller. In: Vierteljahreshefte für Zeitgeschichte 6 (1958) S. 1–44. – Wiederabgedr. in: Thomas Mann. Hrsg. von Helmut Koopmann. Darmstadt 1975. (Wege der Forschung. 335.) S. 165–226.
Spelsberg, Helmut: Thomas Manns Durchbruch zum Politischen in seinem kleinepischen Werk. Marburg 1972.
Vaget, Hans Rudolf: *Mario und der Zauberer*. In: Thomas-Mann-Handbuch. Hrsg. von Helmut Koopmann. Stuttgart 1990. S. 596–601.
Wagener, Hans: Mann's Cipolla and Earlier Prototypes of the Magician. In: Modern Language Notes 84 (1969) S. 800–802.
Wuckel, Dieter: *Mario und der Zauberer* in der zeitgenössischen Presseresonanz. In: Werk und Wirkung Thomas Manns in unserer Epoche. Ein internationaler Dialog. Hrsg. von Helmut Brandt und Hans Kaufmann. Berlin/Weimar 1978. S. 346–356.
Wysling, Hans / Fischer, Marianne (Hrsg.): Thomas Mann. (Dichter über ihre Dichtungen.) Tl. 2. München / Frankfurt a. M. 1979. [Zit. als: DüD.] [Bes. S. 366–373.]

Der Verlag Philipp Reclam jun. dankt für die Nachdruckgenehmigung den Rechteinhabern, die durch den Quellennachweis oder einen folgenden Copyrightvermerk bezeichnet sind. Für einige Autoren waren die Rechtsnachfolger nicht festzustellen. Hier ist der Verlag bereit, nach Anforderung rechtmäßige Ansprüche abzugelten.